# 366 DATES POUR CÉLÉBRER LES FEMMES

**Éditions Favre SA**
Siège social et bureaux
29, rue de Bourg – CH-1003 Lausanne
Tél. : (+41) 021 312 17 17
lausanne@editionsfavre.com
www.editionsfavre.com

**Groupe Libella**

Dépôt légal en Suisse en janvier 2022


Photo de couverture : Maud Wagner. Cabinet photograph, c. 1911. © Granger / Bridgeman images
Mise en pages : Laurane Quartenoud

ISBN : 978-2-8289-1960-3


Les Éditions Favre bénéficient d'un soutien structurel de l'Office fédéral de la culture pour les années 2021-2024.

Benjamin Valliet

# 366 DATES POUR CÉLÉBRER LES FEMMES

FAVRE

# PRÉFACE

*Louise Ebel*

De tout temps, les femmes sont montées au front.

Ce sont elles qui, marchant sur Versailles pour réclamer le pain, ont lancé le véritable essor populaire que la Révolution attendait. Ce sont elles aussi qui, alors que les derniers bastions de la Commune cédaient un à un, se sont battues, unies, dans la poudre et dans le sang, pour ne pas abandonner Paris. Enfin, ce sont elles encore qui, en 14-18 comme en 39-45, ont servi au front tout en maintenant l'arrière-front, sont entrées dans la résistance, ont fait face à l'ennemi. Mais surtout, ce sont elles qui, envers et contre tous, ont fait valoir l'unité du toutes pour obtenir, par elles-mêmes, les droits fondamentaux qui leur étaient refusés, et cela, elles l'ont fait courageusement, opiniâtrement, au mépris des quolibets et parfois même du danger.

L'histoire, donc, n'a pas été faite que par les hommes. Alors pourquoi persiste-t-on à en exclure les femmes ? Pourquoi répète-t-on cette scorie ridicule qui dit que derrière chaque grand homme, il y a toujours une grande femme ? Derrière les femmes, en queue du cortège les combattantes, dans l'ombre du masculin majuscule les tenantes du féminin minuscule, dans « l'oublioir » de l'histoire les inventrices, les artistes, les autrices et les exploratrices. « Trices », la voilà cette féminisation à la sonorité stridente qui dérange, quand le « teur » apparaît souvent plus séducteur, parce que plus familier, forcément. Pourtant elles sont là, les « trices » et les « esses », et il n'appartient qu'à nous de les tirer de l'ombre dans lesquelles des siècles de réécriture s'obstinent à les garder.

Il y a l'oubli, volontaire, qui tient les femmes à l'écart des manuels, des encyclopédies, mais il y a aussi, non moins volontaire, la calomnie, celle qui, insidieuse, leur appose des positions auxiliaires mensongères, les rayant du camp de « ceux qui ont fait » pour les cantonner à des rôles de vestales, de ventres, de muses ou de sacrifiées, quand ce n'est pas de femmes fatales. Et que dire du vol, du viol de la création, de ces désattributions scandaleuses dont ont été victimes la quasi-totalité des artistes femmes ? Aujourd'hui encore, dans de nombreux musées figure sous des tableaux réalisés par des femmes – très récemment sortis des réserves – la mention « artiste féminine inconnue ». Peut-être serait-il grand temps de la remplacer par sa réalité : « artiste féminine sur laquelle personne n'a eu envie de chercher des informations ». Il n'y a pas d'inconnues, et il n'y a que des injustement oubliées, et il y en a d'ailleurs de moins en moins depuis que, de part en part dans le monde, des bataillons de chercheuses passionnées se sont lancées dans l'exhumation de ces destins inspirants, souvent reconnus en leurs temps. Car tout est là, à portée de main, il suffit de vouloir soulever le voile.

Quand j'ai écrit *Excessives !*, il m'est arrivé à plusieurs reprises d'enquêter sur des femmes dont toutes les notes de bas de pages (car il s'agissait malheureusement de cela, de notes de bas de pages, pour celles qui ne seraient jamais vues autrement que comme des subordonnées, des amantes de tel homme célèbre ou des compagnes) disaient qu'on ne savait absolument rien de ce qui leur était advenu. Comme c'était faux pourtant, puisqu'il suffisait de se pencher quelques minutes sur le sujet pour voir aussitôt s'éclairer une constellation de pistes et d'informations. Mina Schrader, par exemple, que les grands spécialistes – tous des hommes – disaient perdue à jamais, dormait en réalité dans les archives du centre hospitalier Paul Guiraud, où personne n'avait jamais eu l'idée de venir la chercher. L'idée, ou plutôt l'envie, nous y revoilà.

Lorsque vint le tour de la promotion de l'ouvrage, je me souviens qu'une journaliste m'avait reproché d'avoir trop parlé de la vie de ces femmes, et pas assez de leur art. C'est vrai, quelque part je le regrette, d'avoir été si tentée par l'appel du romanesque. Mais ce que je regrette encore davantage, c'est de n'avoir pas eu sous la main ces œuvres impérissables issues de leurs mains que j'aurais pu faire découvrir à mes lecteurs et lectrices. Parce que cette production artistique n'existe tout simplement pas, ou alors qu'elle a été détruite, ou alors qu'elle s'est trouvée cantonnée, du fait du conditionnement, à un terrain genré qui n'a pas supporté les outrages du temps. Notre histoire souffre du manque de cette production artistique des femmes, nous souffrons de leur vide, de ce qui n'existe pas et qui aurait dû.

Seulement, si nous ne pouvons que déplorer les incapacités rencontrées par nos sœurs du passé, nous pouvons aussi, au travers de leurs exemples et de leurs destins que nous (re) mettons en lumière, inspirer les générations présentes et futures. Parce qu'il n'est jamais trop tard. Peut-être que si mes *Excessives* avaient eu plus de femmes pour modèles, et non une surreprésentation du présupposé génie masculin, leurs œuvres seraient de nos jours accrochées sur les cimaises des plus grands musées, et rempliraient les étagères de bibliothèques de tous les amoureux de littérature.

« L'histoire des femmes, ce n'est pas que l'histoire des femmes » dit l'autrice Titiou Lecoq dans son dernier ouvrage, mais aussi « c'est également la vôtre, messieurs. Vous êtes, vous aussi, les descendants de ces femmes qu'on a oubliées et réduites au silence. Ne les laissez pas disparaître une nouvelle fois. » Parce que l'effort, aujourd'hui, se doit d'être commun, la mise en lumière des destins de femmes à travers l'histoire n'est pas seulement notre affaire, c'est une affaire universelle, nécessairement intersectionelle. Il est curieux que les hommes, qui semblent être toujours partants lorsqu'il s'agit de décider à notre place des lois qui ne concernent que notre corps et notre libre arbitre, soient en revanche si peu nombreux à s'intéresser objectivement à notre histoire. Alors saluons le travail de Benjamin Valliet, qui s'est penché sur ces dates clés que les manuels continuent de dédaigner, et sur les destins inspirants qui leur sont associés. En attendant que ces exemples soient un jour enseignés à l'école, nous pouvons déjà de nous-mêmes nous en emparer, les découvrir, les re-découvrir, et à notre tour les partager. Parce qu'ils sont féconds, ils peuvent changer des générations.

L'histoire des femmes est un terreau fertile, qui ne demande qu'à pousser, à engendrer des générations d'insoumises, de puissantes, de résistantes, d'artistes, et surtout de femmes libres, à une heure où les fondements de la liberté paraissent plus fragiles que jamais, et où les lois durement acquises hier peuvent, d'un coup de stylo rageur, se voir rayées demain.

Alors oui, libres les femmes, libres de s'incarner, libres de s'appartenir, libres de décider, libres de circuler, libres de s'exprimer, libres d'enfanter ou non, libres de se marier ou non, libres de vivre aussi, tout simplement. Libres, comme des hommes ? Non, comme des femmes.

Libres.

*Louise Ebel est autrice, blogueuse et artiste (misspandora.fr)*

# JANVIER

Le 19 décembre 1900, Jeanne Chauvin (22.04.1862 – 27.09.1926) prête le sermet d'avocate.
Le 21 janvier 1901, elle devient la première avocate de France à plaider dans une affaire, celle de « l'accident de Choisy-le-Roi ».

« Même si vous nous donnez le droit de vote, vos chaussettes seront raccommodées ».

Louise Weiss, 25 janvier 1893 – 16 mai 1983

Première avocate de France à plaider dans une affaire

**1er janvier 2011 :** investiture de **Dilma Roussef** qui devient la première femme présidente de la République fédérative du Brésil. Elle obtient 46,9 % des voix au premier tour et l'emporte avec 56 % des voix au second tour contre José Serra.

**1er janvier 1818 :** publication anonyme du roman épistolaire *Frankenstein ou le Prométhée moderne*, écrit par la Britannique **Mary Shelley**. Elle a alors 19 ans. Dommage qu'on ne lui ait jamais décerné la paternité (ou la maternité, elle qui a perdu tragiquement trois de ses quatre enfants) de la science fiction, qu'on a préféré donner à des hommes comme Jules Verne et H. G. Wells, nés après elle. Son roman d'anticipation de la soif de pouvoir scientifique, écrit près de Genève en trois jours lors d'un mois de juin glacial, reste d'une actualité brûlante.

**2 janvier 1903 :** naissance de **Kane Tanaka** dans la préfecture de Fukuoka au Japon. Elle est l'une des nombreuses et nombreux supercentenaires du pays et doyenne de l'humanité depuis le 22 juillet 2018, jour du décès de Chiyo Miyako (1901-2018). Le 9 mars 2019, à 116 ans, elle est reconnue comme la personne la plus âgée du monde par le Guinness World Records.

**3 janvier 2003 :** naissance de **Greta Thunberg** à Stockholm (Suède). Jeune militante écologiste engagée dans la lutte contre le réchauffement climatique, elle organise diverses actions qui la mettent sur le devant de la scène internationale. En 2019, elle prononce même un discours au siège de l'ONU en confrontant les décideurs et décideuses politiques à la réalité du réchauffement de la planète et de leur inaction : « Notre maison brûle mais vous regardez ailleurs. » Elle fait la couverture du magazine *Time* en mai 2019, qui lui décerne le titre de « Personnalité de l'année ».

**4 janvier 1984 :** en France, le congé parental d'éducation (CPE) est un dispositif instauré par la loi du 4 janvier 1984. Il permet à n'importe quelle personne, homme ou femme, ayant un an d'ancienneté à son poste, de suspendre son contrat de travail de la naissance jusqu'aux 3 ans de son enfant, avec l'assurance de retrouver à terme son emploi initial ou l'équivalent. Le CPE est non rémunéré et d'une durée initiale d'un an, renouvelable deux fois avant le troisième anniversaire de l'enfant. L'employeur ne peut le refuser quelle que soit la taille de l'entreprise.

**5 janvier 1956 :** décès de **Jeanne Florentine Bourgeois**, dite **Mistinguett**. Chanteuse et actrice française, « C'est vrai… on dit que j'ai de belles gambettes » chante-t-elle en 1933 en faisant référence à ses jambes, considérées comme les « plus belles de Paris », et qu'elle fait assurer pour la bagatelle de 500 000 francs en 1919 (environ 700 000 euros de nos jours) !

**6 janvier 1974 :** **Françoise Mabille** devient la première Française sapeur-pompière volontaire. Elle passe son brevet de secouriste en 1973 et demande son incorporation en 1974 au chef du centre de secours de Barentin (Seine-Maritime). Le corps de sapeurs-pompiers est encore exclusivement réservé aux hommes mais le premier engagement officiel de la jeune femme est pourtant signé le 6 janvier 1974. Au début de la même année, le gouvernement autorise finalement l'emploi des volontaires féminines. Françoise Mabille devient sapeur-pompière professionnelle en 1994.

**7 janvier 1908 :** naissance de **Marcelle Devaud** à Constantine (Algérie). Femme politique française, elle est connue pour avoir été la première femme vice-présidente du Sénat en 1948. En 1975, elle devient déléguée à la commission de la condition féminine à l'ONU et s'occupe de la préparation de la Première conférence internationale des femmes à Mexico. Pendant ses douze ans au Sénat, elle s'est, entre autres, battue pour l'égalité salariale hommes-femmes. En 1997, elle est promue au titre de commandeur de la Légion d'honneur et grand officier de l'Ordre national du mérite.

**8 janvier 1993 :** en France, la Loi n° 93-22 du 8 janvier 1993 donne le droit à toute femme de revendiquer l'anonymat lors de son accouchement (art. 326 du C. civ.).

**9 janvier 1908 :** naissance de **Simone de Beauvoir**. Considérée comme une théoricienne importante du féminisme, elle publie un livre intitulé *Le deuxième sexe* en 1949. En 1977, elle devient directrice de la rédaction de la revue *Questions féministes*, principal organe de publication du courant féministe matérialiste. Après la dissolution du comité de rédaction, elle devient directrice de la revue *Nouvelles Questions féministes* créée en 1981, fonction qu'elle occupe jusqu'à sa mort en 1986. Simone de Beauvoir a été la compagne du philosophe Jean-Paul Sartre.

**9 janvier 1981 :** naissance de **Pascaline Lepeltier**, sommelière française. En 2018, elle obtient successivement les titres de « Meilleure ouvrière de France » dans la catégorie sommellerie et de « Meilleure sommelière de France ». Elle est la première femme lauréate de chacun de ces deux concours nationaux.

**10 janvier 1905 :** naissance de **Ruth Moufang**, mathématicienne allemande. Elle décroche son doctorat en 1931 et, malgré une thèse en 1936, elle se voit refuser un poste d'enseignante d'université au titre qu'elle est une femme. Elle est alors employée par Krupp – un producteur d'acier – et devient l'une des rares femmes à officier en tant que mathématicienne dans l'industrie. C'est en 1946 qu'elle revient à son premier amour – l'enseignement – et devient la première femme allemande à obtenir un poste d'enseignante dans une université allemande, celle de Francfort.

**11 janvier 1986 : Ann Bancroft**, enseignante et exploratrice américaine, se lance dans la conquête du pôle Nord avec quatre acolytes masculins. Ils arrivent après une traversée de 56 jours. Cela fait d'Ann Brancoft la première femme à atteindre le pôle Nord, à pied et en traîneau. En 1992, elle dirige la première traversée du Groenland d'est en ouest, traversée jamais réalisée par des femmes américaines. En 2001, Ann Bancroft et l'exploratrice polaire norvégienne Liv Arnesen deviennent les premières femmes à traverser la masse continentale antarctique à ski, après un périple de 94 jours couvrant plus de 2700 km. Ann Brancoft est donc la première à avoir conquis les deux pôles.

**12 janvier 1959 :** naissance de **Nadine Picquet** à Metz. En 1983, elle obtient son premier poste dans l'administration pénitentiaire comme sous-directrice à la Maison d'arrêt de Bois-d'Arcy où elle dirige la section des mineurs. Puis, après divers postes, elle devient en 2015 la première femme à intégrer la direction d'une prison pour hommes en étant nommée cheffe d'établissement de la maison d'arrêt de Fleury-Mérogis, qui est la plus grande prison d'Europe.

**13 janvier :** fête de la Sainte Yvette. Née près de Liège (Belgique) en 1158, **Ivette de Huy** est donnée en mariage à l'âge de 13 ans. Dans un premier temps, elle hait cette situation puis finit par aimer son mari. Celui-ci laisse la jeune fille veuve et mère de deux enfants à 18 ans. Elle est connue pour ses actes charitables, accueillant des pauvres gens, des pèlerins ou encore des voyageurs et voyageuses dans sa maison. Acte ô combien humaniste, elle se met au service des lépreux et lépreuses et finit sa vie recluse.

**14 janvier 1953 :** naissance d'**Ann E. Dunwoody** à Fort Belvoir (États-Unis). Elle rejoint l'US Army en 1974 et devient la première femme à commander un bataillon dans l'armée américaine. En 2005, étant promue au rang de lieutenant-général (trois étoiles), elle devient la femme la plus haut gradée de l'US Army. Trois ans plus tard, en 2008, elle obtient sa quatrième étoile de général, devenant ainsi la première femme à atteindre ce grade dans l'histoire des forces armées américaines. Ann E. Dunwoody prend sa retraite en 2012, après trente-sept années de service.

**15 janvier 1850 :** naissance de **Sophie Kovalevski**, mathématicienne russe. Ses parents lui procurent une bonne éducation et, au vu de son véritable engouement pour les mathématiques, lui choisissent comme tuteur un fervent défenseur de la cause des femmes pour l'enseignement supérieur. La Russie n'acceptant pas les dames dans ses universités, Sophie Kovalevski part étudier à l'étranger. Elle obtient son doctorat en 1874 à l'Université de Göttingen (Allemagne), ce qui fait d'elle la première femme au monde à décrocher un doctorat dans le domaine des mathématiques. En 1889, Sophie Kovalevski accède au plus haut poste de l'enseignement en devenant professeure titulaire d'une chaire de mathématiques à l'Université de Stockholm. C'est la première femme à obtenir cette fonction en Europe. Elle ne sera malheureusement jamais professeure en Russie.

**16 janvier 2013 :** décès de la Française **Perrette Pradier**, comédienne de cinéma et de théâtre mais aussi et surtout une des voix les plus célèbres du doublage. Elle est, entre autres, la voix de Faye Dunaway dans la plupart de ses films à partir des années 70 et de Kate Jackson dans les séries *Drôles de dames* ou encore *Les deux font la paire*.

**17 janvier 1975 :** promulgation de la « Loi Veil » pour 5 ans à titre expérimental et, par une loi du 31 décembre 1979, elle est reconduite sans limite de temps. Cette loi encadre la dépénalisation de l'avortement en France. Elle porte ce nom car elle est préparée par **Simone Veil**, ministre de la Santé sous la présidence de Valéry Giscard d'Estaing. La ministre présente ce projet devant l'Assemblée nationale le 26 novembre 1974. Après pas moins de vingt-cinq heures de débats houleux, la loi est finalement adoptée le 29 novembre 1974 à 3h40 du matin par 284 voix contre 189.

**18 janvier 2005 :** en France, la Loi du 18 janvier 2005 de programmation pour la cohésion sociale prévoit notamment des dispositions favorisant un meilleur retour à l'emploi des femmes après un congé maternité (prise en compte de ce congé au titre du droit individuel à la formation).

**19 janvier 2003 :** décès de **Françoise Giroud**, journaliste, écrivaine et femme politique française. Elle est la première femme journaliste à diriger un hebdomadaire politique français. Elle est d'abord directrice de la rédaction du magazine *Elle* en 1950, puis elle prend la tête de *L'Express* en 1953, journal hebdomadaire qu'elle crée avec Jean-Jacques Servan Schreiber. En juillet 1974, elle est nommée par le président de la République, Valéry Giscard d'Estaing, secrétaire d'État chargée de la condition féminine auprès de Jacques Chirac qui est, à l'époque, Premier ministre.

**20 janvier 1872:** naissance de **Julia Morgan**, Américaine. Elle part pour la France en 1892 et devient en 1898 la première femme admise en section d'architecture à l'École nationale supérieure des beaux-arts de Paris. En 1902, elle devient la première femme diplômée d'architecture en France. Première femme architecte de Californie, elle fonde sa propre agence d'architecture à San Francisco en 1904.

**21 janvier 1901 :** **Jeanne Chauvin** est la première femme à plaider en France. Féministe dans l'âme, elle est la deuxième étudiante titulaire d'une licence de droit en 1890 et la première Française à soutenir son doctorat en droit en 1892. Jeanne Chauvin devra cependant attendre le 19 décembre 1900 pour pouvoir prêter serment. Si elle n'est pas la première femme à le faire – la vedette lui ayant été volée par Olga Petit quelques jours avant –, elle est cependant la première avocate de France à plaider le 21 janvier 1901, dans l'affaire de « l'accident de Choisy-le-Roi » (impliquant l'express Paris-Nantes et un train de banlieue, et provoquant 7 morts et des dizaines de blessés).

**22 janvier 1925:** décès de l'exploratrice et géographe américaine **Fanny Bullock Workman**, qui est l'une des premières femmes alpinistes professionnelles. En 1906, elle réalise la première ascension du Pinnacle Peak, un sommet culminant à 6930 mètres, exploit qui fera longtemps d'elle « la plus haute femme du monde ». À côté de sa vie d'aventurière en altitude, elle écrit sur ses voyages et milite pour les droits des femmes.

Photographie d'un soldat de l'union supposé être Kate Warne déguisée pendant la guerre de Sécession (1861 – 1865) aux États-Unis.

# Kate Warne

1833 – 28 janvier 1868

Veuve à 23 ans, l'Américaine Kate Warne est connue pour avoir été la première femme détective. En 1856, elle se rend à la Pinkerton National Detective Agency de Chicago qui a fait paraître une annonce dans le journal local. Convaincu par Kate Warne, le boss de l'agence Allan Pinkerton décide de lui laisser sa chance. Il aura eu du flair puisqu'en 1858, c'est elle qui permet la résolution d'une enquête. Adepte du déguisement, elle se transformait en riche propriétaire du Sud ou encore en soldat afin de mener ses enquêtes. Sa carrière sera de courte durée puisqu'elle meurt à l'âge de 35 ans.

**23 janvier 1849: Elizabeth Blackwell**, anglo-américaine, termine première de sa classe (mixte) et devient la première femme à obtenir son diplôme de médecin aux États-Unis. Mais aucun hôpital ne l'acceptant pour exercer, elle fonde son propre établissement appelé New York Infirmary for Indigent Women and Children en 1853. Quand la guerre de Sécession éclate, elle forme des infirmières et, en 1868, fonde un collège médical destiné à former des femmes médecins. En 1869, elle retourne en Angleterre où elle fonde avec Florence Nightingale, le London School of Medicine for Women et devient la première femme médecin enregistrée en Grande-Bretagne. Elle prend sa retraite à l'âge de 86 ans.

**23 janvier 1901 :** née le 14 janvier 1873, **Marthe Francillon** devient, à 28 ans, la première interne femme des Hôpitaux de Paris. Médecin gynécologue, radiothérapeute, elle est chargée des consultations en gynécologie au Service de clinique chirurgicale à l'Hôpital Pitié-Salpêtrière.

**24 janvier 1864:** naissance de **Marguerite Charlotte Durand**, journaliste, actrice, femme politique et féministe française. En avril 1896, elle se rend au Congrès féministe international en tant que journaliste. C'est là qu'elle décide de vouer sa vie à la condition des femmes. L'année suivante, elle fonde le journal *La Fronde*, exclusivement élaboré par des femmes. En 1909, elle s'investit surtout dans la campagne pour le vote des femmes et pour donner à celles-ci le droit d'être candidates. Pour ce faire, Marguerite Durand lance l'idée d'organiser des candidatures féminines aux élections législatives du 24 avril 1910. Elle se présente elle-même dans le 9e arrondissement de Paris, mais sa candidature est rejetée par la préfecture. En 1931, elle lègue à la ville de Paris tous les documents qu'elle possède sur l'histoire des femmes, créant ainsi le premier Office de documentation féministe français. Elle le dirige de façon bénévole jusqu'à sa mort en 1936.

**25 janvier 1893 :** naissance de **Louise Weiss** à Arras. Elle est journaliste, femme de lettres, féministe et femme politique française – doyenne des députés au Parlement européen entre 1979 et 1983. En 1934, elle fonde l'association *La femme nouvelle*, dont l'objectif est de défendre le droit de vote des femmes – et plus largement le féminisme – d'une manière originale. En mai 1935, par exemple, elle se présente aux élections municipales à Montmartre et, pour l'occasion, elle transforme de manière ironique des cartons à chapeaux en urnes et obtient 18000 votes. Le 2 juin 1936, les militantes de *La femme nouvelle* offrent aux sénateurs des chaussettes avec l'inscription « Même si vous nous donnez le droit de vote, vos chaussettes seront raccommodées ». Elle est faite grand officier de la Légion d'honneur en 1976, troisième femme à recevoir ce grade dans cet ordre.

**26 janvier 2021 :** pour la première fois en Estonie, **Kersti Kaljulaid**, première femme élue cheffe de l'État par le Parlement en 2016, nomme une autre femme à la fonction de Premier ministre. **Kaja Kallas** devient alors la première femme à occuper ce poste. Cette nomination porte à six le nombre de femmes à la tête des huit pays nordiques, un record historique.

**27 janvier 1993 :** en France, vote de la Loi Neiertz qui punit l'« entrave à avortement volontaire » de deux mois à deux ans d'emprisonnement et d'une amende de 2000 à 30000 francs. **Véronique Neiertz** est une femme politique française, secrétaire d'État aux droits des femmes sous les gouvernements d'Édith Cresson et de Pierre Bérégovoy dans les années 1990.

**28 janvier 1868 :** décès de **Kate Warne**, Américaine connue pour avoir été la première femme détective. En 1856, elle se rend à la Pinkerton National Detective Agency de Chicago qui a fait paraître une annonce dans le journal local. Convaincu par Kate Warne, le boss de l'agence Allan Pinkerton décide de lui laisser sa chance. Plus tard, Pinkerton dira aux femmes qui voulaient entrer dans son agence : « J'ai plusieurs femmes qui travaillent ici. Si vous acceptez de monter à bord, vous irez vous entraîner avec la chef [sic] de mes détectives féminines, Kate Warne. Elle ne m'a jamais déçu ! »

**29 janvier 1929 :** décès de **Louise Weber**, dite **La Goulue**. Née le 12 juillet 1866, La Goulue est une danseuse de cancan populaire. Elle est la première vedette à inaugurer la scène de l'Olympia, salle mythique fondée par Joseph Oller en 1893. Elle devient l'un des modèles favoris du peintre Toulouse-Lautrec, qui immortalise la belle dans ses portraits et ses affiches pour le Moulin Rouge.

**30 janvier 1961 :** décès de **Maud Stevens Wagner**, artiste de cirque et tatoueuse américaine. Née en février 1877, elle est considérée comme étant la première femme tatoueuse des États-Unis. Elle avait d'ailleurs elle-même de nombreux tatouages qui recouvraient quasiment tout son corps, à l'exception de son visage. C'est en 1904 qu'elle rencontre Gus Wagner, qui est tatoueur et qui se produit comme homme-tatoué dans un spectacle itinérant. Maud Wagner veut que l'homme la tatoue et qu'il lui enseigne l'art du tatouage. Ce qu'il fait. En 1907, ils se marient et se produisent dans divers spectacles aux États-Unis tout en officiant comme tatoueur et tatoueuse en parallèle.

**31 janvier 1873 :** naissance de **Melitta Bentz**, entrepreneuse et inventrice allemande à qui l'on doit notamment l'invention du filtre à café en papier en 1908. En tant que femme au foyer, Melitta Bentz tente de remédier aux problèmes des machines à expresso de l'époque. Après avoir expérimenté plusieurs procédés, elle décide d'utiliser le papier buvard des cahiers d'école de son fils, papier qu'elle dispose dans un pot en cuivre perforé avec un clou pour filtrer le café. Le café obtenu étant moins amer, c'est l'enthousiasme général immédiat ! Le 20 juin 1908, l'Office allemand des brevets et des marques lui accorde un brevet et le 15 décembre de la même année, son entreprise M.Bentz est officiellement inscrite au registre du commerce.

# FÉVRIER

En 1930, Jane Evrard (5.02.1893 – 4.11.1984) décide de fonder elle-même son orchestre, « l'orchestre féminin de Paris ». Elle devient la première femme cheffe d'orchestre professionnelle en France.

« Je vais voler aussi intelligemment et audacieusement que n'importe quel homme aviateur dans le monde. »

Neta Snook, 14 février 1896 – 23 mars 1991

Première femme à une course aérienne masculine

**1er février 1901 :** en France, parution du premier numéro de *Femina* « La revue idéale de la femme et de la jeune fille ». Dans le contenu, une large place est faite aux loisirs et surtout au sport. Fondé par Pierre Lafitte, le magazine ne se veut pas féministe mais plutôt féminin puisque le but est de toucher un lectorat de femmes qui appartiennent pour l'essentiel à la bourgeoisie. Cependant, avec les avancées de l'époque sur la question du suffrage féminin, Pierre Lafitte adhère à la cause féministe dont il devient un fervent défenseur. Le dernier numéro date de décembre 1953-janvier 1954.
En Suisse, le magazine qui porte le même nom et paraît encore hebdomadairement, *Femina*, existe quant à lui depuis 1936 et était initialement publié sous le nom de *La semaine de la femme*.

**2 février 1952 :** naissance de **Christiane Taubira**, femme politique française. En mai 2012, elle est nommée ministre de la Justice du gouvernement Ayrault. Elle est la première femme noire en France à diriger un ministère régalien. Féministe, parmi les premières mesures qu'elle désire mettre en pratique, on note une nouvelle loi contre le harcèlement sexuel. Elle quitte le ministère en janvier 2016.

**3 février 1973 :** en France, le manifeste des 331 est une pétition parue le 3 février 1973 dans le *Nouvel Observateur*, et signée par 331 médecins revendiquant avoir pratiqué ou favorisé des avortements, bien que cela soit illégal. Ce manifeste vient appuyer le manifeste des 343 signé deux ans auparavant par 343 femmes déclarant avoir avorté.

**4 février 1942 :** naissance de **Danielle Décuré** qui est la première femme pilote de ligne embauchée par Air France – Air Inter à l'époque – en avril 1974. Elle est affectée sur le réseau de l'Aéropostale et pilote alors des bimoteurs Fokker F27. Le 7 avril 1975, elle est nommée commandant de bord sur Airbus A320 1. À ses débuts, les stages et les aides financières lui étant systématiquement refusées sous prétexte qu'elle est une femme, elle n'aura de cesse de se battre jusqu'à ce que son rêve devienne réalité.

**5 février 1893 :** naissance de **Jeanne Chevallier**, épouse **Jeanne Poulet**. Musicienne française, elle prend à partir de 1930 le pseudonyme de **Jane Evrard**. La même année, elle décide de fonder elle-même son orchestre, « l'orchestre féminin de Paris » et devient la première femme cheffe d'orchestre professionnelle en France. Avec les 25 musiciennes qui composent cet orchestre, Jane Evrard effectue des tournées en France, au Portugal, en Espagne et aux Pays-Bas. Paul Le Flem dit d'elle : « Elle dirige sans baguette, avec précision et grâce, soucieuse de nuances fines et d'élégance dans le style. »

**6 février 1902 :** décès de **Clémence Augustine Royer**, née en 1830. Philosophe et scientifique française, elle est à la fin du XIXe siècle une figure emblématique du féminisme. En 1870, elle devient la première femme à être admise à la Société d'anthropologie de Paris fondée en 1859. Féministe infatigable, Clémence Royer milite pour l'instruction des femmes, collabore au *Journal des femmes* et à *La Fronde* avec Marguerite Durand. Surnommée « la femme la plus savante » au XIXe siècle, elle est aussi la première personne à traduire en français *L'Origine des espèces* de Charles Darwin.

**7 février 1971 :** en Suisse, le droit de vote et d'éligibilité des femmes sur le plan fédéral est enfin accordé après une consultation directe de la population. Les électeurs masculins acceptent ces droits avec 65,7 % de oui. Les Suissesses accèdent enfin à ce droit qui marque une étape décisive vers l'égalité des genres 80 ans après les Néo-Zélandaises, 30 ans après les Françaises.

**7 février 2021 : Sarah Thomas**, Américaine, devient la première femme à arbitrer le Superbowl, la grand-messe du football américain. Six ans auparavant, celle qui est originaire du Mississippi devient la première femme arbitre à plein temps en NFL et en 2019, la première femme à officier lors d'un match de playoffs.

**8 février 1907 :** décès de **Bob Walter** dite **Baptistine Dupré**. Tour à tour chanteuse et danseuse se produisant au Moulin Rouge et aux Folies Bergères, elle devient, en 1901, la première femme à ouvrir un garage à Paris, au 83 avenue de la Grande-Armée. Le « Garage Bob Walter » est né, elle a 44 ans. Elle se met alors au négoce de voitures de luxe et de sport. Entre 1901 et 1904, elle participe, en tant que pilote automobile, à des épreuves de vitesse et gagne même plusieurs courses.

**9 février 1874 :** décès de **Sophie Rostopchine**, **comtesse de Ségur**, femme de lettres française d'origine russe. Par l'originalité et la modernité de son œuvre, qui renouvelle le genre romanesque et bouscule les mœurs et les conventions, elle est une autrice très importante de son époque. Parmi ses œuvres les plus connues, *Les malheurs de Sophie* ou encore *Les petites filles modèles*, des romans pour enfants qui se lisent encore beaucoup aujourd'hui.

**10 février 1982 :** décès de la Suissesse **Kitty Ponse**, scientifique, pionnière de la génétique et de l'endocrinologie – l'étude des hormones. En 1924, elle réussit à transformer un crapaud mâle en un crapaud femelle. Elle est la première scientifique du monde à accomplir cette prouesse, ce qui lui vaut de faire les gros titres de la presse internationale.

**11 février :** l'objectif de la journée internationale des femmes et des filles de science est de favoriser la participation et l'implication des femmes dans les domaines scientifiques. Initiée en 2015, cette action de sensibilisation rappelle que moins d'un tiers des personnes actives dans la recherche dans le monde sont des femmes, dans ce premier quart du XXI$^{e}$ siècle. Ces dernières sont sous-représentées également dans le milieu universitaire.

FÉVRIER

**12 février 1986 :** décès de **Jeanne Miquel** qui devient la première femme française diplômée d'Alfort en octobre 1934. La première femme à avoir été diplômée de la célèbre école vétérinaire française est russe et s'appelle **Marie Kapcevitch**. Elle obtient son diplôme le 23 juillet 1897, soit plus de 130 ans après la création de l'école.

**13 février 1881 :** en France, parution du premier numéro de *La citoyenne* qui est un journal féministe publié à Paris entre 1881 à 1891 de manière bimensuelle. À l'époque, le code napoléonien relègue les femmes à un rang inférieur à celui des hommes. Le journal, publié par **Hubertine Auclert**, souhaite l'émancipation des femmes. Il exige par exemple que ces dernières aient le droit de se présenter aux élections. Malheureusement, sa créatrice, à court d'argent, est contrainte de mettre la clef sous la porte en 1891.

**14 février 1896 :** naissance de **Mary Anita « Neta » Snook Southern**, aviatrice américaine pionnière qui a à son palmarès une longue liste de réussites inédites. Elle est la première femme aviatrice de l'Iowa, la première étudiante à entrer à la Curtiss Flying School en Virginie, la première femme à diriger sa propre entreprise d'aviation et la première femme à diriger un aérodrome commercial. En février 1921, Neta Snook devient aussi la première femme à participer à une course aérienne masculine au Los Angeles Speedway. Elle termine à la cinquième place et déclare à la presse : « Je vais voler aussi intelligemment et audacieusement que n'importe quel homme aviateur dans le monde. » En 1981, elle est reconnue comme l'aviatrice la plus âgée des États-Unis, elle a alors 85 ans.

**15 février 2021 :** la doctoresse **Ngozi Okonjo-Iweala**, femme politique nigériane possédant également la nationalité américaine, est nommée directrice générale de l'Organisation mondiale du commerce (OMC). L'ancienne ministre des Finances du Nigeria est la première femme et la première Africaine à occuper ce poste. Elle prend ses fonctions le 1er mars 2021. Son mandat, qui est renouvelable, prendra fin le 31 août 2025.

Affiche publicitaire pour le garage Bob Walter (1902).

# Bob Walter

29 novembre 1865 – 8 février 1907

Bob Walter, dite Baptistine Dupré, devient en 1901 la première femme à ouvrir un garage à Paris, au 83 avenue de la Grande-Armée. Le « Garage Bob Walter » est né, elle a 44 ans. Elle se met alors au négoce de voitures de luxe et de sport. Entre 1901 et 1904, elle participe, en tant que pilote automobile, à des épreuves de vitesse et gagne plusieurs courses. Bob Walter est donc au même titre que Camille du Gast, une pionnière des courses automobiles. En 1903, après avoir été danseuse, chanteuse et garagiste, Bob Walter monte une affaire d'entremetteuse de mariages pour gens aisés dont les familles s'opposent à leur union. L'idée est d'enlever la jeune promise consentante dans une berline puissante qui la mène jusqu'au lieu du mariage. Cette audace procure à Bob Walter une renommée internationale.

**16 février 1993:** décès de **Bessie Stringfield**, surnommée «The Motorcycle Queen of Miami» – la reine motarde de Miami. Caractérisée par un courage hors pair dans une époque où les préjugés sociaux font rage, elle est la première femme noire à parcourir les États-Unis seule et à moto. C'est en 1930 qu'elle traverse les 48 états du pays, exploit qu'elle réitère huit fois dans sa vie. Humaniste, elle est également l'une des rares motocyclistes civiles à remplir la fonction d'estafette – passeuse de messages militaires – pour l'armée américaine pendant la Seconde Guerre mondiale.

**17 février 1997:** **Catherine Chabaud**, journaliste et navigatrice française, devient la première femme à terminer un tour du monde à la voile, en solitaire, en course et sans escales lors de la troisième édition du Vendée Globe. Au cours de sa carrière, elle effectue 13 traversées de l'Atlantique dont 4 en solitaire. Elle arrête la navigation professionnelle en 2002 mais, passion oblige, elle continue de naviguer en amatrice en double ou en équipage.

**18 février 1926:** décès de **Thérèse Peltier**, aviatrice française. Le 8 juillet 1908, à Milan, elle embarque comme passagère avec l'aviateur Léon Delagrange surnommé le «Dandy volant». Même si ce n'est que sur une distance de 200 mètres et à une hauteur de 4 mètres, elle devient la première femme française à quitter le sol à bord d'un avion. Après quelques séances d'entraînement sous la conduite de Delagrange, elle est lâchée en solitaire, à Issy-les-Moulineaux, en septembre 1908, devenant de ce fait la première femme à piloter un aéroplane en solo – sans avoir son brevet. Après la mort de son instructeur en janvier 1910, Thérèse Peltier ne poursuit pas son apprentissage et n'obtiendra jamais sa licence de pilote.

**18 février 1938:** en France, la loi du 18 février 1938 supprime l'incapacité juridique de la femme mariée et l'autorise notamment à exercer une profession non commerciale. D'une manière générale, la femme mariée peut agir seule sans l'autorisation du mari et acquiert de nouveaux droits – ouvrir un compte en banque, conclure un contrat de travail, accepter une donation, s'inscrire dans des facultés, avoir une carte d'identité et un passeport, etc. Malgré ces avancées, l'époux conserve l'autorité sur les enfants.

**19 février 2000:** **Tonie Marshall**, actrice, réalisatrice et scénariste de cinéma franco-américaine, devient la première femme à recevoir le César de la meilleure réalisation pour la comédie dramatique à succès *Vénus beauté*. Le film rafle également le César du meilleur scénario.

**20 février 1875:** naissance de **Marie Marvingt**, sportive, aviatrice, infirmière et alpiniste française. Officieusement – parce que les organisateurs refusent de valider l'exploit –, elle est la première femme à terminer le Tour de France en 1908. Surnommée «la fille du danger», elle est aussi l'une des premières femmes à voler seule et la première à traverser la Manche, du continent vers l'Angleterre, en 1909. Durant la Première Guerre mondiale, Marie Marvingt décide de rejoindre le front en tant que… poilu! Déguisée en homme, elle y passe 47 jours avant d'être démasquée. Elle utilise alors ses talents de skieuse sur le front italien où elle aide à l'évacuation des blessés. Marie Marvingt est la femme la plus décorée de l'histoire de France avec pas moins de 34 médailles.

**21 février 2010:** **Kathryn Bigelow**, réalisatrice et productrice américaine, est la première femme à remporter le prix du meilleur film et de la meilleure réalisation pour son film *Démineurs* à la 63e cérémonie des Bafta Awards. Quelques semaines plus tard, lors de la 82e cérémonie des Oscars, elle gagne également les trophées dans les mêmes catégories, devenant ainsi la première femme de l'histoire du cinéma à recevoir l'Oscar de la meilleure réalisation.

**22 février 1889:** naissance d'**Olave Baden-Powell**, femme de Robert Baden-Powell, le créateur du scoutisme. À la mort de ce dernier, Olave Baden-Powell poursuit son œuvre tout en y apposant sa propre «patte». En effet, «Lady-B-P» développe le scoutisme comme un outil d'émancipation des jeunes filles et invente en quelque sorte l'aventure scoute au féminin. Anti-conformiste, intrépide, la liberté caractérise son existence. Preuve en est, elle visite 107 pays au cours de sa vie. Elle voyagera par terre, mer, air, en train, en éléphant, en voiture, en pousse-pousse, etc.

**23 février 2014 :** décès d'**Alice Sommer**, pianiste et professeure de musique née à Prague. Elle est une rescapée du camp de concentration de Theresienstadt. Elle y est déportée en 1942 avec son mari qui mourra deux ans plus tard au camp de Dachau, après y avoir été transféré. Avec d'autres musiciennes et musiciens, elle donne pendant sa captivité une centaine de concerts dans le camp de Theresienstadt, libéré par les Soviétiques en 1945. À 103 ans, la vieille dame relate sa vie dans un livre traduit en sept langues. En novembre 2011, dans un documentaire diffusé sur Arte, elle dit qu'elle n'éprouve aucune rancune, ni pour l'Allemagne, ni pour les Allemands : « La haine amène la haine ». À la fin de sa vie, Alice Sommer est la survivante la plus âgée connue de l'Holocauste.

**24 février 1827 :** naissance de **Lydia Becker**, féministe britannique du XIX$^{e}$ siècle. Elle rejoint le mouvement pour le droit de vote des femmes et crée le 6 novembre 1867 le *Manchester Women's Suffrage Committee* dont elle devient la secrétaire. Elle milite pour un système éducatif mixte, pour le droit à l'enseignement supérieur des femmes ainsi que pour l'amélioration des conditions de travail des femmes dans l'industrie. En 1870, elle fonde le *Women's Suffrage Journal*, premier organe de presse à tirage national, véritable arme de diffusion massive pour servir le combat pour l'obtention du suffrage féminin. Lydia Becker servira la cause jusqu'à son décès, en 1890.

**25 février 1885 :** naissance de **Alice de Battenberg**, princesse anglo-allemande et belle-mère d'Elisabeth II du Royaume-Uni. Elle se marie avec le prince André issu de la famille royale de Grèce. Alice de Battenberg vit à Athènes dès 1938 et y séjourne pendant la durée de la Seconde Guerre mondiale. La princesse organise des soupes populaires pour les plus démunis et cache même chez elle une famille juive, ce qui lui vaut de recevoir, en 1993, de façon posthume, le titre de « Juste parmi les nations ».

**26 février 1944 :** décès de **Lucienne Heuvelmans**, peintre et sculptrice française qui devient, en juillet 1911, la première femme à obtenir un grand prix de Rome en sculpture. Admise à la Villa Médicis, elle y séjourne de janvier 1912 à décembre 1914 – le concours d'entrée de cette illustre institution est ouvert aux femmes depuis 1903.

**27 février 1964 :** exposition des œuvres de **Sonia Delaunay** et de son mari – décédé à cette époque – Robert Delaunay, dans une rétrospective au musée du Louvre. On peut y admirer 117 œuvres dont l'artiste a fait don au Musée d'Art Moderne de Paris avec pour condition qu'elles soient exposées au public et qu'elles ne terminent pas couvertes de poussière dans les réserves. C'est la première exposition d'une artiste femme de son vivant. La peintre française d'origine ukrainienne reçoit la distinction d'officier de la Légion d'honneur en 1975. Sonia Delaunay réalise au cours de sa vie des milliers d'œuvres dont des tissus et des robes de haute couture.

**28 février 2019 :** l'Académie française se prononce en faveur d'une ouverture à la féminisation des noms de métiers, de fonctions, de titres et de grades. Approuvée à une très large majorité – seules deux voix se sont élevées contre –, c'est la toute première fois que l'institution, créée en 1634, va aussi loin dans la reconnaissance du féminin des mots, pratique, qui, rappelons-le, était courante au Moyen Âge.

**29 février 1944 :** **Jeanne Bohec**, résistante française, est parachutée près d'Alençon. En mars 1940, ayant de bonnes connaissances en chimie, elle est engagée comme

aide-chimiste dans un laboratoire de recherche sur la fabrication des explosifs. Le 18 juin 1940, elle rejoint Londres et intègre le BCRA (Bureau central de renseignement et d'action), organisme mis sur pied par de Gaulle en juillet 1940 pour collecter des renseignements sur l'ennemi. Jeanne Bohec, sous le pseudo de Micheline, se perfectionne alors aux techniques de guérilla et devient même instructrice dans cette activité à hauts risques. C'est la raison pour laquelle elle va parcourir la Bretagne après son parachutage, afin d'initier les résistants au sabotage des voies ferrées empruntées par les convois allemands, sabotages auxquels elle prend part activement.
Après la guerre, Jeanne Bohec est décorée de la Légion d'honneur, de la Croix de guerre et de la médaille de la Résistance. Elle raconte ses péripéties dans *La plastiqueuse à bicyclette*. Jeanne Bohec décède en 2010, à l'âge de 91 ans.

# MARS

Portrait de Marie Paradis (1778 – 1839), vers 1830. Première femme à avoir atteint le sommet du Mont Blanc, le 14 juillet 1808.

« Le mot résister doit toujours se conjuguer au présent. »

Lucie Aubrac, 29 juin 1912 – 14 mars 2007

Résistante française à l'occupation allemande pendant la Seconde Guerre mondiale

**1er mars 1994 :** pour la première fois en France, l'article 222-13-6 du Code pénal définit un délit spécifique de violences et des peines aggravées dès lors que des actes de violence sont commis par le conjoint ou le concubin.

**2 mars 1967 :** la journaliste française **Annick Beauchamps**, alias Madame Inter, est la première femme à fouler le sol de la Bourse de Paris pour une émission spéciale afin... d'en présenter le fonctionnement. Le règlement de la Bourse de Paris de 1724 interdit l'accès aux femmes, ces dernières ne pouvant la découvrir que lors de visites guidées. Cette interdiction est finalement levée en 1967 par le préfet de police. En janvier 2021, Delphine d'Amarzit est nommée présidente-directrice générale de la Bourse de Paris et entre en poste à partir du 15 mars 2021. Elle est la première femme à remplir cette fonction.

**3 mars 1926 :** naissance de la chanteuse suisse **Lys Assia**. En 1956, elle se présente simultanément aux sélections nationales allemande et suisse pour le premier Grand Prix Eurovision de la chanson. Si elle échoue à la sélection allemande, elle remporte la suisse. À l'époque, chaque pays peut interpréter deux chansons. Aussi, le 24 mai 1956, à Lugano, Lys Assia chante *Le vieux carrousel* (en allemand) et *Refrain* (en français) et remporte la compétition qui en est alors à sa première édition.

**4 mars 2002 :** la Loi n°2002-303 du 4 mars 2002 relative au nom de famille modifie profondément les principes fondamentaux de transmission du nom en France. En effet, elle permet aux parents de choisir de donner à leur enfant soit le nom de la mère, soit celui du père, soit leurs deux noms accolés dans l'ordre choisi par les parents. En l'absence de choix, le nom du père s'impose. La loi entre en vigueur le 1er septembre 2003.
En Suisse, depuis 2013, les époux peuvent choisir le nom de la femme ou de l'homme comme nom commun, qui sera transmis aux enfants du couple. Dans 90% des cas, c'est

le nom de l'homme qui est choisi. Le poids de la tradition pèse encore et de nombreux politiciennes et politiciens le déplorent.

**5 mars 1979 :** en France, 51 femmes intègrent le Centre régional d'instruction de la Police nationale – aujourd'hui École de Police de Reims –, pour accéder à « un métier d'homme » comme le soulignait l'affiche de recrutement de l'époque. Cette année-là, les femmes représentent 3,3 % des élèves Gardiens de la paix contre 25 % aujourd'hui dans les écoles de Police. Ces chiffres se retrouvent à peu de chose près dans l'ensemble des pays d'Europe aujourd'hui.

**6 mars 1980 :** **Marguerite Yourcenar** est une femme de lettres française qui a, entre autres, écrit *Les mémoires d'Hadrien* et *L'œuvre au noir*. Le 6 mars 1980, elle est la première femme à entrer à l'Académie française, institution fondée en 1634 par Richelieu. Elle est la première femme à être élue parmi les 40 Immortels. Si elle était libre et ne comprenait pas pourquoi on faisait des différences entre les femmes et les hommes, Marguerite Yourcenar ne se sentait pas féministe pour autant. Elle était même relativement critique à l'égard du mouvement féministe de son époque.

**7 mars 1910 :** naissance de **Simone Louise Des Forest**, pilote automobile française. À 12 ans, son oncle la laisse conduire son auto lors d'une escapade et, à 19 ans, elle obtient son permis de conduire. Elle est l'une des premières femmes à posséder le fameux sésame en France. Elle participe à diverses courses automobiles les années suivantes, parfois même avec sa mère en copilote ! Simone Louise Des Forest est à l'origine de l'expression « En voiture Simone », inialement formulée « En voiture Simone, c'est toi qui conduis, c'est moi qui klaxonne ». Elle est au volant d'un camion de la Croix Rouge lors de la Seconde Guerre mondiale et est l'une des premières femmes à ouvrir une auto-école dans les années 50. Elle n'aura jamais un seul accident malgré sa passion pour la vitesse et la compétition !

**8 mars 1956 :** en France, création de l'association « La maternité heureuse », présidée par la doctoresse **Lagroua Weill-Hallé**. Cette association revendique pour chaque couple et chaque femme, le droit de contrôler les naissances. En effet, la loi de 1920 qui interdit la contraception et l'avortement est encore en vigueur. En adhérant à « La maternité heureuse », les femmes peuvent s'informer sur les méthodes contraceptives, en commander à l'étranger ou encore disposer d'adresses de médecins formés. C'est en 1960 que « La maternité heureuse » devient le « Mouvement français pour le planning familial », autrement dit, le planning familial.

**8 mars :** cette date marque la journée des droits la femme et c'est la Russie qui l'officialise en premier en 1921. Puis elle sera reprise dans les pays occidentaux dès les années 1970. Les prémices de cette célébration datent de 1909 et sont issues des luttes féministes américaines et européennes.

**9 mars 2015 :** décès de **Florence Arthaud**, navigatrice française et première femme à remporter la Route du rhum. En août 1990, elle améliore le record de la traversée de l'Atlantique Nord à la voile en solitaire, détenu par Bruno Peyron. En novembre de la même année, elle remporte la Route du Rhum, rejoignant Pointe-à-Pitre après 14 jours 10 heures et 10 minutes. Elle meurt dans un accident d'hélicoptère lors du tournage d'un jeu télévisé.

**10 mars 1766 :** décès de **Jane Colden**, botaniste américaine. Asa Gray, lui-même botaniste, dit d'elle en 1843 qu'« elle est la première botaniste de son sexe du pays ». Le père de Jane Colden est lui-même botaniste et très vite, la jeune fille assiste à ses travaux. Entre 1753 et 1758, Jane Colden répertorie la flore de New York dans un manuscrit, en rassemblant des informations sur plus de 300 espèces de plantes. Le manuscrit original est conservé au British Museum de Londres.

**11 mars 1914 :** naissance d'**Elisabeth Boselli**, aviatrice française. À l'âge de 24 ans, elle effectue son baptême de l'air et, dans la même année, obtient son brevet de pilote. Le 12 février 1946, elle passe avec succès les épreuves du brevet militaire de pilote de chasse. Elle est la première femme à devenir pilote de chasse de l'Armée de l'air française et a plusieurs records à son actif.



**12 mars 1962:** naissance d'**Anne-Marie Lagrange**, astrophysicienne française. En 2000, elle est nommée directrice de recherche au CNRS (Centre national de la recherche scientifique). En 2005, elle devient la première personne à effectuer une observation directe d'une exoplanète autour d'une naine brune. En 2008, elle fait la découverte de l'exoplanète Beta Pictoris b avec le *Très grand télescope* de l'Observatoire européen austral (ESO). Les travaux d'Anne-Marie Lagrange portent sur la recherche et l'étude de systèmes planétaires extrasolaires, c'est-à-dire localisées en dehors du Système solaire.

**13 mars 1774:** naissance de **Rose Fortune**, femme d'affaires américaine. Née de parents esclaves, elle émigre au Canada à l'âge de 7 ans. En grandissant, elle fonde deux entreprises lucratives dont une de transport de bagages. Elle impose des couvre-feux autour des quais et dans les environs, et veille à leur application. De ce fait, elle est considérée par beaucoup comme la première policière au Canada. Elle est aussi réputée pour garder la jeunesse de la ville dans le droit chemin. Une de ses descendantes, Daurene Lewis, est la première femme de couleur mairesse en Amérique du Nord.

**14 mars 2007:** décès de **Lucie Aubrac** née le 29 juin 1912. Elle est, avec son mari Raymond Aubrac, une résistante française à l'occupation allemande et au régime de Vichy pendant la Seconde Guerre mondiale. En 1941, Lucie et Raymond réalisent, avec Emmanuel d'Astier, un journal dont la parution du premier numéro marquera la naissance du mouvement Libération-Sud. Sous divers pseudonymes, Lucie et Raymond contribuent à faire de Libération le mouvement de résistance le plus important en zone Sud après le mouvement Combat fondé par Henri Frenay.

Portrait d'Alice Guy en 1896.

# Alice Guy

1er juillet 1873 – 24 mars 1968

Alice Guy est une réalisatrice, scénariste et productrice de cinéma française, ayant travaillé à la fois en France et aux États-Unis. En réalisant *La fée aux choux* à l'âge de 23 ans en 1886, elle est considérée comme la première réalisatrice du cinéma. En 1910, elle émigre avec son mari Herbert Blaché aux États-Unis et elle devient la première femme à créer une société de production de films, la Solax Film Co, bien avant la naissance d'Hollywood. En 1913, Alice Guy nomme son mari président de la société. « Je lui avais abandonné les rênes avec plaisir. Je n'assistais à aucune réunion des conseils » dit-elle. Elle écrit, réalise et produit des centaines de films jusqu'à son retour en France en 1922.

**15 mars 1850:** en France, la Loi Falloux, qui porte sur l'instruction publique, est adoptée par 399 voix contre 237. Cette loi, entre autres nouveautés, rend obligatoire la création d'une école de filles dans toute commune de 800 habitants ou plus.

**15 mars 1978:** ouverture du Centre Flora Tristan à Clichy près de Paris. C'est le premier centre spécifique à l'accueil des femmes victimes de violences en France.

**16 mars 1922:** naissance de **Jacqueline Hélène Baudrier**, journaliste française. Elle exerce, entre autres, des responsabilités à l'Office de radiodiffusion-télévision française (ORTF) et est la première présidente de Radio France de 1975 à 1981. Jacqueline Hélène Baudrier œuvre pour l'amélioration de la qualité des programmes. Elle est également à l'origine de la création de stations expérimentales qui donneront naissance aux premières radios locales de Radio France en 1980. Entre 1981 et 1985, Jacqueline Hélène Baudrier devient ambassadrice, déléguée permanente de la France auprès de l'UNESCO (l'Organisation des Nations Unies pour l'éducation, la science et la culture).

**17 mars 1956:** décès d'**Irène Joliot-Curie**, chimiste, physicienne et femme politique française. Elle est la fille de Pierre et de Marie Curie, les illustres scientifiques. En 1935, Irène Joliot-Curie obtient le prix Nobel de chimie pour la découverte de la radioactivité induite et de la radioactivité artificielle, qu'elle fait avec son époux, Frédéric Joliot-Curie. En devenant sous-secrétaire d'État à la Recherche scientifique sous le Front populaire en 1936, elle est aussi une des trois premières femmes membre d'un gouvernement français. Contrairement à Marie Curie, sa mère, qui exerce un féminisme privé qui ne fait pas de vague, Irène Joliot-Curie préfère un féminisme plus combatif et plus revendicatif. Elle se déclare militante et fière de l'être.

**18 mars 1907:** décès de **Sophie Berthelot**, première femme à être inhumée au Panthéon. Elle est l'épouse de Marcellin Berthelot, homme de sciences et de politique français. Les deux époux meurent le même jour. Les parlementaires décident de funérailles nationales pour l'homme mais, la famille refusant de le séparer de son épouse, une loi spéciale est adoptée le 24 mars. Celle-ci stipule que « les restes de Marcellin Berthelot et ceux de madame Marcellin Berthelot seront déposés au Panthéon ». Le même cas se représente plus d'un siècle plus tard, en 2018, avec Simone Veil et son époux Antoine Veil. Depuis novembre 2021, six femmes reposent au Panthéon.

**19 mars 2021 :** **Samia Suluhu Hassan**, femme politique, devient la présidente de la République unie de Tanzanie. Elle est vice-présidente du pays depuis 2015 et, comme le prévoit la Constitution, succède au président qui vient de décéder. Elle est la première femme à occuper cette fonction en Tanzanie mais aussi dans un pays d'Afrique de l'Est.

**19 mars 1868 :** naissance de **Senda Berenson Abbott**, enseignante d'éducation physique et sportive et joueuse de basket-ball américaine. Pionnière, elle adapte en 1899 les règles de ce sport pour les femmes et écrit le premier *Guide du basket-ball féminin* (1901-1907). En 1985, elle entre au Basketball Fame, sorte de Panthéon du basket-ball.

**19 mars 1872 :** naissance d'**Alexandra Kollontaï**, femme politique et militante féministe soviétique. Elle est la première femme de l'histoire contemporaine à avoir été membre d'un gouvernement – le premier gouvernement de Lénine – et l'une des premières femmes diplomates. Elle est d'ailleurs considérée comme la première femme au monde à avoir été officiellement nommée ambassadrice. Dans le gouvernement de Lénine, elle participe activement à l'établissement du nouveau statut des femmes en U.R.S.S. Elle souhaite leur émancipation et milite pour l'union libre, qu'elle pratique elle-même d'ailleurs. Toute sa vie, elle sera soucieuse de la condition de ses compatriotes féminines. Elle participe aux premières conférences de l'Internationale socialiste des femmes en 1907, 1910 et 1912. En 1921-1922, Alexandra Kollontaï est membre du secrétariat international de l'Internationale communiste des femmes et en est la secrétaire générale. Elle est aussi à l'origine de nombreux écrits féministes dont, entre autres, *La Famille et l'État communiste* (1922) ou *Amour libre* (1932). C'est grâce (entre autres) à Alexandra Kollontaï que les droits des femmes russes avancent (droit au divorce par consentement mutuel, accès à l'éducation, un salaire égal à celui des hommes, des congés de maternité, l'égalité de reconnaissance entre enfants légitimes et naturels et droit à l'avortement en 1920).

**20 mars 1948 :** la Loi n° 48-460 du 20 mars 1948 autorise les femmes françaises à accéder à certaines professions auxiliaires de la justice : « Les femmes remplissant les conditions d'aptitude requises par la loi peuvent accéder aux fonctions d'avocat au Conseil d'État et à la Cour de cassation, de notaire, d'huissier, d'agréé auprès un tribunal de commerce, de greffier en chef de la Cour de cassation, de greffier en chef de cour d'appel ou de tribunal de première instance, de greffier de tribunal de commerce, de tribunal d'instance, de tribunal de police ».

**21 mars 1956 :** décès de **Sarah Frances Durack**, dite **Fanny Durack**, Australienne et pionnière de la natation féminine. Le 12 juillet 1912, à Stockholm, elle devient la première championne olympique féminine de natation en remportant l'épreuve du 100 mètres nage libre et en profite même pour battre le record du monde – à noter qu'avant, les femmes ne pouvaient participer qu'à des compétitions de crawl. D'une pierre deux coups, elle devient aussi la première médaillée olympique australienne de l'histoire, tous sports confondus. Militante et combative, elle se démène pour promouvoir son sport mais aussi le sport féminin en général. Cela lui vaut d'ailleurs d'être exclue de sa fédération en 1918 pour avoir nagé sans autorisation aux États-Unis afin de faire la promotion de la natation féminine.

**22 mars 1932 :** naissance d'**Else Borst-Eilers**, dite **Els Borst**, femme politique néerlandaise membre du parti des Sports des Pays-Bas. Elle est alors la première médecin chargée d'occuper ce poste depuis 1971. Els Borst occupe cette fonction pendant huit ans, années durant lesquelles elle doit se confronter à plusieurs questions sensibles, notamment l'euthanasie dont elle réclame la légalisation (cette dernière entrera en vigueur le 1er avril 2002). Elle a également interdit la vente du tabac pour les mineurs de moins de seize ans, et rehaussé l'âge minimum légal pour acheter de l'alcool. Els Borst est aussi la première femme, en duo avec Annemarie Jorritsma, à suppléer de façon protocolaire le Premier Ministre des Pays-Bas. Elle quitte la vie politique en 2002 et en 2014, se fait assassiner par un déséquilibré prétendant être investi d'une mission divine afin de la punir d'avoir été à l'origine de la loi légalisant l'euthanasie.

**23 mars 1839 :** décès de **Marie Paradis**, dite « **La Paradisa** », habitante de la vallée de Chamonix en France. Elle est connue pour être la première femme à avoir atteint le sommet du Mont Blanc – le 14 juillet 1808. Ce jour-là, six habitants de Chamonix, emmenés par le guide Jacques Balmat, sont rejoints par deux femmes qui veulent les accompagner : Euphrosine Ducrocq, qui est mère d'un enfant de sept mois et qu'on renvoie chez elle, et Marie Paradis, qui prend part à l'expédition. Elle parvient au sommet non sans mal, aidée par ses acolytes.

**24 mars 1968 :** décès d'**Alice Guy**, réalisatrice, scénariste et productrice de cinéma française. En 1910, elle émigre avec son mari aux États-Unis et elle devient la première femme à créer une société de production de films, la Solax Film Co, bien avant qu'Hollywood ne voie le jour.

**24 mars 1826 :** naissance de **Matilda Joslyn Gage**, première féministe à exhumer l'histoire des sorcières et à revendiquer elle-même ce titre. Elle militait pour le droit de vote des femmes, mais aussi pour les droits des Amérindiens et l'abolition de l'esclavage – elle fut condamnée pour avoir aidé des esclaves à s'enfuir. Dans *Femme, Église et État*, en 1893, elle livra une lecture féministe des chasses aux sorcières : « Quand, au lieu de "sorcières", on choisit de lire "femmes", on gagne une meilleure compréhension des cruautés infligées par l'Église à cette portion de l'humanité. » (Extrait du livre *Sorcières*, de Mona Chollet).

**25 mars 1924 :** le décret français du 25 mars 1924 stipule que « les programmes de l'enseignement secondaire ainsi que le baccalauréat deviennent identiques pour les filles et les garçons ».

**26 mars 1913 :** naissance de **Jacqueline Worms de Romilly**. À partir de 1973, elle occupe la chaire de la Grèce antique au Collège de France où elle est la première femme professeure. Elle y dispense un cours sur la Grèce et la formation de la pensée morale et politique. Le 24 novembre 1988, à 75 ans, elle devient la deuxième femme, après Marguerite Yourcenar, à entrer à l'Académie française. Marguerite Yourcenar ayant refusé l'habit vert des académiciens, Jacqueline de Romilly est la première femme à le porter.

**26 mars 1909 :** naissance de **Germaine Cellier**, parfumeuse française à la gouaille légendaire. Elle est l'une des premières femmes à avoir acquis une notoriété dans ce métier de nez, à l'époque dominé par les hommes. Elle est audacieuse et n'a pas froid aux yeux. Les parfums à succès de la « grande demoiselle », comme on la surnommait, portent le nom de Bandit, Jolie Madame ou encore Vent vert.

**26 mars 1894 :** arrestation à Paris de **Mina Schrader**, modèle et femme de lettres. Anarchiste de cœur, elle vit comme bon lui semble et se moque éperdument de ce qu'on peut penser d'elle. Considérée comme frivole, elle mène en réalité juste une existence mondaine et collectionne les amants, parmi lesquels des artistes célèbres comme Auguste Rodin. Son arrestation le 22 mars 1894 lui vaut d'être fichée par la police en tant qu'anarchiste et personne œuvrant dans l'association de malfaiteurs.

**27 mars 2013 :** lors du Conseil des ministres du 27 mars 2013, **Isabelle Guion de Méritens**, de la Gendarmerie nationale française, est nommée au titre de général de brigade. Elle devient la première femme gendarme à porter le grade 4 étoiles. Durant sa carrière, elle accumule les « premières » : première colonelle, première générale, première commandante de la Gendarmerie maritime et de l'école des officiers de la Gendarmerie nationale.

**28 mars 1922 :** naissance d'**Yvette Chassagne**, résistante et haute fonctionnaire française. En juillet 1981, elle devient préfète du Loir-et-Cher et la première femme à exercer en tant que préfète en France. Membre du Parti Socialiste, elle est nommée en juillet 1981 par le ministre de l'Intérieur Gaston Defferre sous la présidence de François Mitterrand. Avant cette date, elle est la première femme sous-directrice au ministère des Finances, première conseillère maître à la Cour des comptes.

**29 mars 1920 :** naissance de **Simone Rozès** à Paris, magistrate française et présidente de la Cour de cassation de 1984 à 1988. Elle est la première femme à exercer cette fonction, la plus élevée dans la magistrature française.

**30 mars 2000 :** décès de **Gisèle Freund**, photographe française d'origine allemande spécialisée dans le portrait. À partir de 1938, elle utilise les pellicules Agfacolor. Elle est alors l'une des premières personnes à faire des portraits en couleur. En 1980, le ministère de la Culture français lui décerne le Grand Prix national des Arts pour la photographie. En 1981, c'est elle qui réalise le portrait officiel du président François Mitterand. On lui doit aussi des portraits d'André Malraux, de Marguerite Yourcenar, de Jean Cocteau ou encore de Simone de Beauvoir.

**31 mars 1997 :** **Martina Hingis**, joueuse de tennis suisse d'origine slovaque, remporte le tournoi de Key Biscayne (appelé aujourd'hui Miami). De ce fait, elle devient la plus jeune numéro 1 mondiale de l'histoire du tennis du XX^e^ siècle. Elle est alors âgée de 16 ans et de 152 jours. Elle est aussi la plus jeune joueuse de tous les temps à remporter un tournoi du Grand Chelem – l'Open d'Australie – en 1997 face à Mary Pierce. Elle a alors exactement 16 ans, 3 mois et 26 jours.

MARS

# AVRIL

Catherine Duchemin (12.11.1630 – 21.09.1698) est une artiste peintre française. Le 14 avril 1663, elle devient la première femme à être admise à l'Académie royale de peinture et de sculpture.

« L'homme le plus opprimé peut opprimer un être, qui est sa femme. Elle est la prolétaire du prolétaire même. »

Flora Tristan, 7 avril 1803 – 14 novembre 1844

Femme de lettres, militante socialiste et féministe

**1er avril 1776 :** naissance de **Sophie Germain**, mathématicienne, physicienne et philosophe française. Totalement autodidacte, elle a la chance de naître dans une famille bourgeoise et peut se servir allègrement dans la bibliothèque de son père. Pour pouvoir se consacrer aux mathématiques, alors réservées aux hommes, elle utilise un nom d'emprunt de 1794 à 1807 : Antoine Auguste Le Blanc. Elle est connue pour le théorème d'arithmétique qui porte son nom ainsi que pour ses travaux sur l'élasticité des corps, grâce auxquels elle remporte, en 1816, et cette fois, sous son vrai nom, un concours de l'Académie des sciences. Elle est la première femme à gagner un prix de l'Académie et à assister à ses séances. Afin de lui rendre hommage, l'Institut Henri Poincaré lui dédie la journée du 18 mars et, en 2016, la Poste publie un timbre à son effigie.

**2 avril 1993 :** décès de **Charlotte Béquignon-Lagarde**, juriste et magistrate française née le 8 octobre 1900 à Lille. En 1931, elle devient la première femme à obtenir l'agrégation de droit privé. Suite au vote de la loi du 11 avril 1946 qui stipule que « tout Français, de l'un et l'autre sexe, peut accéder à la magistrature », Charlotte Béquignon-Lagarde est intégrée par décret du 10 octobre 1946 à la Cour de cassation. Elle devient ainsi la première femme à accéder à la magistrature en France. Elle reste, seule femme, pendant 19 ans à la Cour de cassation. Depuis le 4 décembre 2018, la salle d'audience de la première chambre civile du Tribunal de Paris porte son nom.

**3 avril 1977 :** naissance de **Blanche Gardin**, humoriste française et première femme à remporter le Molière de l'humour, le 28 mai 2019. Se déclarant féministe mais dans une acceptation qui lui est propre, elle est aussi une « activiste » qui œuvre notamment pour la fondation Abbé Pierre. Cependant, en août 2020, dans le *JDD (Journal du Dimanche)*, elle déclare pour autant ne pas avoir l'âme d'une militante. « Je suis solidaire de bien des colères mais je n'ai pas une vie de Gilet jaune. Je refuse d'être militante car le militantisme exclut la distance et l'humour. Épouser totalement une cause, c'est en épouser aussi les dérives. » Elle recevra un second Molière l'année suivante.

**3 avril 1990:** la Loi du 3 avril 1990 – loi Assurance maladie – dépénalise l'avortement en Belgique. L'IVG doit être pratiquée avant la 12e semaine de grossesse, soit 14 semaines d'aménorrhée.

**3 avril 2019:** **Virginie Despentes**, écrivaine, réalisatrice et féministe française, reçoit le prix de la BnF (Bibliothèque nationale Française) pour l'ensemble de son œuvre. Féministe radicale, Virginie Despentes ne laisse personne indifférent. Dans ses ouvrages, elle met en lumière des thématiques sombres allant de la marginalisation de la jeunesse à la toxicomanie en passant par le viol ou encore la prostitution. Dans *King Kong théorie*, essai sorti en 2006 chez Grasset, elle fait le récit de son expérience personnelle, racontant, entre autres, le viol dont elle a été victime à l'âge de 17 ans ou encore la prostitution voulue et sporadique qu'elle a pratiquée à un moment de sa vie. Virginie Despentes fait partie des autrices les plus vendues en France et sûrement les plus indispensables pour le combat féministe présent et à venir.

**4 avril 1914:** naissance de **Marguerite Duras**, femme de lettres, dramaturge, scénariste et réalisatrice française. Elle entre dans la Résistance en 1943. Elle est politiquement de gauche et est membre du PCF (Parti Communiste Français) entre 1944 et 1950. Même si elle ne se sentait «pas féministe du tout», force est de constater que l'écrivaine est de nos jours considérée comme telle. Dans ses romans, Marguerite Duras dénonce le machisme et défend subtilement la cause féminine alors qu'à l'époque, celle-ci était de second ordre, voire absente du débat, y compris littéraire.

**5 avril 1971:** sur l'idée de Jean Moreau, chef du service de documentation du *Nouvel Observateur*, paraît à la une du numéro 334 du magazine, le manifeste des 343. C'est «la liste des 343 Françaises qui ont le courage de signer le manifeste "Je me suis fait avorter"», s'exposant ainsi à des poursuites pénales pouvant aller jusqu'à l'emprisonnement puisqu'à l'époque, l'avortement est interdit en France. Le total des signataires est supérieur à 343 mais le magazine a surtout retenu les noms des célébrités. Une

AVRIL

note en bas de page indique que «parmi les signataires, des militantes du "Mouvement de libération des femmes" réclament l'avortement libre et gratuit». Aucune signataire n'est poursuivie.

**5 avril 2014 :** **Anne Hidalgo**, femme politique française, qui a aussi la nationalité espagnole, est élue mairesse de Paris. Elle est la première femme à être à la tête de la capitale française. Elle est réélue en 2020. Invitée du Grand Jury sur RTL en 2020, elle déclare : «Je me suis engagée toute ma vie pour l'égalité des droits. Pas pour la suprématie, y compris des femmes sur les hommes. Pour moi, les êtres humains doivent être à égalité. Il faut continuer à avancer sur ce terrain-là.»

**5 avril 1943 :** naissance de **Miet Smet**, femme politique et féministe belge qui soutient une politique d'égalité entre les hommes et les femmes. En 1985, elle devient Secrétaire d'État fédérale pour l'Environnement et l'Émancipation sociale et devient de ce fait la première femme à occuper un poste de Secrétaire d'État en Belgique. Miet Smet écrit régulièrement dans un magazine féministe et pendant ses fonctions politiques, elle lance une campagne de sensibilisation contre le harcèlement sexuel (1986) et travaille sur les violences faites aux femmes et aux enfants. En 1991, elle organise même la première conférence des ministres européens sur le sujet. On lui doit aussi à la création du CARHIF (Centre d'archives et de recherches pour l'histoire des femmes).

**6 avril 2010 :** décès de l'Américaine **Wilma Mankiller**, première femme à être élue au poste de cheffe principale de la nation Cherokee. Cette femme qui a des origines cherokee, néerlandaise et irlandaise, occupe ses fonctions de 1985 à 1995. En 1993, Wilma Mankiller est inscrite au National Women's Hall of Fame, musée new-yorkais créé en 1969 pour saluer et perpétuer la mémoire des citoyennes illustres américaines.

**7 avril 1803 :** naissance de **Flora Tristan**, femmes de lettres, penseuse et féministe française. Figure majeure du débat social, elle prend part aux premiers pas de l'internationalisme. En plus de défendre la cause ouvrière, elle milite pour le droit au divorce et pour l'égalité salariale avec les hommes. Elle est la grand-mère du peintre Paul Gauguin.

**8 avril 1908:** **Madame Decourcelles** obtient l'autorisation de conduire ses premiers clients en qualité de « chaufferesse », autrement dit de conductrice de taxi. Elle devient ainsi la première femme à conduire un taxi en France. Mais Mademoiselle Pohlen revendique le titre et produit même des documents qui confortent ses dires. Le permis de conduire de cette dernière date en effet de mai 1906. Avant les taxis, les premières femmes cochers – Madame Charnier et Madame Dufaut –, apparaissent dans les rues de la capitale en février 1907, non sans créer la surprise des Parisiennes et des Parisiens.

**9 avril 1960:** décret du 9 avril 1960 qui permet aux mères célibataires d'avoir un livret de famille.

**10 avril 1848:** naissance d'**Hubertine Auclert**, journaliste, écrivaine et militante féministe française. Elle se bat pour la République et les droits des femmes – entre autres, l'éligibilité et le droit de vote – et milite pour la révision des lois du Code napoléon. Hubertine Auclert est singulière. Cependant que ses contemporaines appliquent une stratégie qui consiste à revendiquer l'égalité des droits civils, son plus grand combat se dirige d'emblée vers les droits politiques des femmes. On peut dire qu'elle est en quelque sorte la suffragette française. Hubertine Auclert est la première à émettre le souhait de voir les femmes concourir pour les emplois publics. C'est aussi la première à mener campagne pour le contrat de mariage avec séparation des biens et partage des salaires. C'est elle aussi qui donne au terme « féminisme » une dimension positive et décide de l'employer pour désigner la lutte pour améliorer le sort des femmes. Au cours de son existence, elle mène nombre d'actions (émission de timbres à la gloire des femmes, boycott du recensement, fondation du journal *La Citoyenne*, etc.).

**10 avril 1913:** naissance de **Marcelle Campana**. Fille d'un diplomate français qui a notamment été consul général de France à Sydney et à Londres dans les années 1920, elle est la première femme en France à exercer les fonctions de consule générale (à Toronto 1967) puis d'ambassadrice (au Panama en 1972). Depuis sa nomination, le nombre de femmes occupant des postes d'ambassadrices a lentement augmenté : elles sont 3 en 1982, 16 en 2002 et en 2017, elles sont 49 sur un total de 197 ambassadrices et ambassadeurs.

**11 avril 1946 :** la Loi numéro 46-643 du 11 avril 1946 est votée. Elle stipule que « tout Français, de l'un et l'autre sexe, peut accéder à la magistrature ».

**12 avril 1975 :** décès de **Joséphine Baker**, chanteuse, danseuse, actrice, meneuse de revue et résistante française d'origine américaine. En 1937, elle devient française à la suite de son mariage avec Jean Lion et, pendant la Seconde Guerre mondiale, joue un rôle important dans la résistance à l'occupant. Elle utilise ensuite sa grande popularité dans la lutte contre le racisme et pour l'émancipation des Noirs, en particulier en soutenant le mouvement américain des droits civiques. Le 30 novembre 2021, Joséphine Baker entre au Panthéon, elle est la première femme noire célébrée dans le temple républicain où reposent déjà cinq femmes (Sophie Berthelot, Marie Curie, Geneviève de Gaulle-Anthonioz, Germaine Tillion et Simone Veil).

**13 avril 1946 :** la Loi n°46-685 dite « Marthe Richard » interdit les maisons de tolérances autrement dit les maisons closes et renforce la lutte contre le proxénétisme. C'est la fin d'un système datant de 1804 qui donnait une existence légale à ces maisons dédiées à la prostitution – il est à noter que ce système perdure dans les territoires coloniaux et l'outre-mer. **Marthe Richard** est une ancienne prostituée et ancienne résistante qui a obtenu, en décembre 1945, la fermeture des maisons closes par le conseil municipal de Paris.

**14 avril 1663 :** **Catherine Duchemin**, artiste peintre française, est la première femme admise à l'Académie royale de peinture et de sculpture, soit quinze ans après sa création. Cette institution est chargée en France, de 1648 à 1793, de réguler et d'enseigner la peinture et la sculpture durant l'Ancien Régime. Le pouvoir royal de l'époque souhaite « répandre ses grâces sans distinction de sexe », mais uniquement si les femmes sont sœurs, filles ou épouses d'académiciens. Catherine Duchemin, qui est l'épouse du sculpteur Girardon, est de celles-ci.



**15 avril 1947 :** décès d'**Yvonne Malègue**, médecin, phtisiologue française – spécialiste de la tuberculose. En 1919, elle réussit le concours des Hôpitaux de Nantes, devenant ainsi la première femme médecin des hôpitaux en France. Elle peut de ce fait développer ses recherches dans de meilleures conditions et dispenser des cours devant des élèves. Dans les années 1920, elle participe au premier Congrès mondial des femmes phtisiologues à New York.

**16 avril 1755 :** naissance d'**Élisabeth Vigée Le Brun**, artiste peintre française, considérée comme une grande portraitiste de son temps. En 1778, elle devient peintre officielle de la reine Marie-Antoinette. Elle est reçue à l'Académie royale de peinture et de sculpture le 31 mai 1783.

**17 avril 1680 :** décès de **Kateri Tekakwitha**, la première sainte indienne du continent nord-américain. Ses parents sont issus de tribus des Indiens d'Amérique du Nord. Fille de chef et d'une chrétienne, elle refuse d'être mariée et convertit même celui qu'elle doit épouser. Après une existence des plus ascètes, elle meurt à l'âge de 27 ans à la mission jésuite Saint-François-Xavier sur le Saint-Laurent. Kateri Tekakwitha est béatifiée par le pape Jean-Paul II le 22 juin 1980. Le 21 octobre 2012, elle devient la première autochtone d'Amérique du Nord à être canonisée. Sa fête figure au calendrier liturgique de l'Église catholique le 17 avril.

Violette Morris au Bol d'or en 1923. On la voit ici avec son éternel cigarette au bec – elle fumait deux à trois paquets par jour.

# Violette Morris

18 avril 1893 – 26 avril 1944

Violette Morris dite « la Morris », est une championne sportive française polyvalente. Elle pratique, entre autres, le cyclisme, la natation, l'haltérophilie et est détentrice de plusieurs records du monde. En 1927, elle a notamment gagné la mythique course automobile du Bol d'Or. Cheveux courts et gominés, elle s'habille souvent d'un veston d'homme et s'exprime comme un charretier. Elle a pour habitude de dire : « Ce qu'un homme fait, Violette peut le faire ! »

**18 avril 1901 :** création du Conseil national des femmes françaises (CNFF), association féminine non mixte affiliée au Conseil international des femmes. Constitué en fédération, il rassemble des associations féminines et admet des membres à titre individuel. Il vise à améliorer la situation des femmes dans la famille et la société.

**18 avril 1893 :** naissance de **Violette Morris**, dite « **la Morris** », championne sportive française polyvalente. Elle pratique, entre autres, le cyclisme, la natation et l'haltérophilie et est détentrice de plusieurs records du monde. En 1927, elle remporte notamment la mythique course automobile du Bol d'Or.

**19 avril 1967 :** **Kathrine Switzer**, Américaine, est la première femme à courir le Marathon de Boston, comme participante enregistrée. Elle a 20 ans, porte le dossard 261 et arbore du rouge à lèvres. Découverte au 6e kilomètre et malgré la tentative infructueuse de certains organisateurs de l'évincer pendant la course, elle franchit la ligne d'arrivée après 4 heures et 20 minutes, soit une heure de plus que Bobbi Gibb, la véritable première femme à s'être attaquée à ce marathon officiellement interdit aux femmes l'année précédente, mais sans dossard.

**20 avril 1892 :** naissance de **Mary Phelps Jacob** dite **Caresse Crosby**, sculptrice, poétesse et femme de lettres américaine. Elle est née dans une famille qui lui donne une éducation rigoureuse mais la jeune femme, éprise de liberté, ne souhaite qu'une chose : se débarrasser des conventions sociales et vivre sa vie comme bon lui semble. Elle est notamment célèbre pour avoir participé à l'invention du soutien-gorge en 1913 en créant un modèle plus confortable – sans armatures – que celui proposé par Hermine Cadolle. Mary Phelps Jacob est la première à faire breveter le concept de soutien-gorge par le Bureau américain du commerce. Elle ouvre alors la Fashion Form Brassiere Company, dans laquelle elle fait fabriquer en série des soutiens-gorge sans armatures, tous élaborés par des femmes.

**21 avril 1944:** depuis Alger, Charles de Gaulle signe l'ordonnance du Comité français de la Libération nationale qui donne enfin le droit de vote et l'éligibilité aux femmes. Ce droit est confirmé par l'ordonnance du 5 octobre 1944, sous le gouvernement provisoire de la République française.



**21 avril 1922:** naissance de **Valérie André**, résistante, médecin militaire et pilote d'hélicoptère française. Elle est la première femme à devenir officier général en France (le 21 avril 1976, jour de son anniversaire), première femme à être élevée à la dignité de grand-croix de l'Ordre national du mérite. Elle est aussi la femme la plus décorée de son époque. Combattante dans l'âme, avec plus d'une centaine d'opérations, elle a sauvé des centaines de combattants pendant les guerres d'Indochine et d'Algérie. Après avoir mis fin à sa carrière en 1981, Valérie André se consacre à la lutte pour l'égalité des sexes dans le milieu militaire. «Les femmes comme les hommes sont parfois désireuses d'assumer des postes à haute responsabilité et ce n'est pas propre qu'à l'Armée», dit-elle sur le plateau de TF1 Actualités, émission présentée par Yves Mourousi dans les années 70. De nos jours, l'armée française figure parmi les plus féminisées au monde. En 2015, celle-ci compte 31424 femmes, soit 15,5% des effectifs.

**22 avril 1949:** naissance de **Martine Rolland**, alpiniste française. En 1983, elle devient la première femme guide de haute montagne en France – et en Europe. Jolie revanche contre ceux qui ne croyaient pas du tout en elle. Les guides les plus âgés notamment, l'un d'eux prenant même position dans les journaux pour s'insurger contre cette tentative. Mais malgré la réussite, l'UIAGM (Union internationale des associations de guides de haute montagne) refuse de l'inscrire sous prétexte que les femmes n'ont pas la force physique pour faire carrière dans cette profession. Le syndicat des guides s'en mêle et Martine Rolland obtient gain de cause.

« À l'époque, me dire que je serai première ne m'a pas posé de question. Je le savais, mais ce n'était pas le but que je poursuivais. J'avais juste envie d'en faire mon métier, pas d'être la première. »

**22 avril 1951 :** douze ans après le premier homme, **Janine Levannier** devient la première femme à obtenir une ceinture noire première dan de judo en France – et en Europe. « Bien entendu, je suis ravie et il faut bien l'avouer, un petit peu fière, mais les collègues ceinture noire se chargeront sans nul doute de me remettre la tête à la grosseur normale », dit la jeune femme alors âgée de 27 ans qui a dû atteindre dans leur orgueil un grand nombre d'hommes en les mettant au tapis. Au début des années 50, les femmes représentent 1,72 % des personnes licenciées de la Fédération française de judo. En 2012-2013, elles sont 26,11 %.

**22 avril 2007 :** **Ségolène Royal** se qualifie pour le second tour de l'élection présidentielle en arrivant en deuxième position, avec un score de 25,87 % des suffrages exprimés. Elle est la première femme française à aller au second tour de l'élection présidentielle. Elle est battue à l'issue du second tour en recueillant 46,94 % des suffrages, face à Nicolas Sarkozy, qui en obtient 53,06 %.

**23 avril 1996 :** lors du match Paris SG-FC Martigues, **Nelly Viennot** devient la première femme dans l'histoire du football français à officier sur la ligne de touche d'un match de première division. Sa carrière d'arbitre commence en 1987. Elle arbitre son premier match international de football féminin en 1995. Elle est également sélectionnée pour les Jeux olympiques d'été de 1996 à Atlanta, où elle est la seule arbitre de France au tournoi olympique de football. Elle est choisie parmi 82 personnes pour participer aux épreuves de sélection des arbitres pour la Coupe du monde de football de 2006, une première pour une femme. Elle est finalement éliminée. Elle aurait été la première femme arbitre pendant une Coupe du monde masculine.

**24 avril 1929:** décès de **Séverine**, pseudonyme de **Caroline Rémy**, écrivaine, journaliste, libertaire et féministe française. Elle dirige avec Jules Vallès le journal *Le cri du peuple* et à la mort de ce dernier, elle en prend seule la direction. Elle devient alors la première femme en France à diriger un grand quotidien. À partir de 1897, elle publie chaque jour ses « Notes d'une frondeuse » dans *La Fronde*, le quotidien féministe de son amie, la journaliste Marguerite Durand. En 1904, elle participe à la création du prix Vie heureuse (l'ancêtre du prix Femina). Elle en est la présidente en 1906 et reste membre du jury jusqu'à sa mort. Séverine s'engage dans la lutte pour l'IVG, le divorce et pour le droit de vote des femmes.

**24 avril 1921 :** pour la première fois, les femmes belges prennent part aux élections communales en tant qu'électrices et candidates. Elles sont 2 millions à voter ce jour-là. La loi du 15 avril 1920 autorise les femmes à voter mais seulement aux communales. Elles peuvent par contre se présenter à tous les niveaux du pouvoir. 196 femmes deviennent conseillères communales, 13 accèdent à un mandat d'échevin et 6 sont désignées comme bourgmestres.

**25 avril 1925 :** naissance de **Janine Lambotte**, femme de télévision belge. Présentatrice et journaliste de la chaîne de télévision INR puis de la RTB à partir du 31 octobre 1953, elle est la première speakerine belge et la première femme à présenter un JT en Europe en 1961.

**26 avril 1925 :** naissance d'**Alice Saunier-Seïté**, géographe et femme politique française. Parmi une série de fonctions – maîtresse de conférences de géographie, professeure à la faculté des lettres de Rennes, etc. –, elle est la première femme à être élue doyenne d'une faculté – celle des lettres et sciences sociales de la ville de Brest –, et première femme à être nommée rectrice d'une académie, celle de Reims, fonction qu'elle occupe entre 1973 et 1976.

**27 avril 2002 :** décès de **Ruth Handler**, femme d'affaires américaine. Elle est la créatrice de l'emblématique poupée Barbie (1959). Elle observe sa fille Barbara et constate que cette dernière délaisse ses poupées d'enfant au profit de poupées traditionnelles en papier auxquelles elle confère des rôles d'adultes. En 1956, lors d'un voyage en Europe, Ruth Handler découvre une poupée allemande qui est en fait une sorte de pastiche non destiné aux enfants – ce que Ruth Handler prétendra ignorer plus tard. Elle décide alors de produire une poupée en plastique avec l'apparence d'une femme et non d'une petite fille. La poupée de Ruth Handler est née et prend le nom de Barbie, qui est le diminutif donné à sa fille Barbara. Barbie a une poitrine opulente, une taille fine et de longues jambes, ce qui lui vaudra avec le temps d'être attaquée de toute part. Aussi, la société Mattel – qui produit la poupée et qui est la première multinationale du jouet – diminue la taille de la poitrine et augmente celle du tour de taille. En 1970, Ruth Handler subit une mastectomie suite à un cancer du sein. Devant l'impossibilité de trouver des prothèses dignes de ce nom, elle fonde alors une société de fabrication de prothèses mammaires, Ruthton Corp, qui crée des prothèses plus réalistes que les modèles existants, le modèle « Presque moi ».

**28 avril 1832 :** la loi française du 28 avril 1832 place le viol dans la catégorie « crime », passible des travaux forcés.

**29 avril 1945 :** le droit de vote leur ayant été accordé quasiment un an plus tôt, les Françaises votent pour la première fois de leur histoire, près d'un siècle après les hommes, lors du premier tour des élections municipales, premier scrutin depuis la Libération. Ce jour-là, 12 millions de femmes mettent leur bulletin dans les urnes. Les actualités filmées et les photographies de l'époque montrent des Françaises de tous âges, connues ou inconnues, se presser devant les bureaux de vote et faire la queue devant les isoloirs.

**29 avril 1970 :** les femmes sont autorisées à passer le concours d'entrée à Polytechnique, école militaire française fondée en

1794 et surtout connue pour sa formation d'ingénieurs, dont les élèves et anciens élèves sont appelés « polytechniciennes et polytechniciens ». Mais il faut attendre deux ans pour que la réforme se mette en place. En 1972, sur un total de 315 élèves, 7 femmes intègrent pour la première fois l'illustre institution. Parmi elles figure Anne Chopinet qui se paye même le luxe de s'offrir la première place au concours d'entrée !

**30 avril 1933 :** décès d'**Anna de Noailles**, poétesse et romancière française d'origine roumaine. Elle est la première femme à recevoir le grade de commandeur de la Légion d'honneur et la première femme reçue à l'Académie royale de langue et de littérature françaises de Belgique. En 1920, son premier recueil de poèmes *Le Cœur innombrable* est couronné par l'Académie française. En 1921, elle reçoit le grand prix de littérature.

# MAI

9 septembre 1958, Maria Teresa De Filippis (11.11.1926–9.01.2016) au volant de sa Maserati 250 F avant le départ du Grand Prix de Monza (Italie). Le 18 mai 1858, elle devient la première femme à participer à une course de championnat du monde de formule 1, le Grand prix de Monaco.

« Ai-je écrasé quelqu'un ? Ai-je commis une incorrection pendant le parcours ? Quelqu'un a-t-il élevé la moindre critique contre ma façon de conduire ? Pas le moins du monde. »

Camille du Gast, 30 mai 1868 – 24 avril 1942

Pionnière de l'automobile, dans une lettre au journal *Auto*, suite à la décision, le 5 mars 1849, de l'*ACF (Automobile Club de France)* d'exclure les femmes.

**1er mai 1968 :** le premier match de rugby féminin français se déroule devant des milliers de spectatrices et de spectateurs à Toulouse. Les premières équipes de rugby féminin sont créées en France par des jeunes lycéennes et universitaires en 1965. Les premières équipes complètes à XV sont alors souvent entraînées par des équipes masculines. De nos jours, le rugby se féminise et à l'inverse du rugby masculin, le nombre de licenciées au sein de la Fédération Française de Rugby (FFR) ne cesse de grimper. En 2017, ce sont plus de 17 000 femmes qui sont licenciées en France, soit 3 fois plus qu'en 2004.

**2 mai 1964 :** naissance de **Muriel Mayette-Holtz**, comédienne et metteuse en scène française. Elle entre à la Comédie-Française en 1985 à l'âge de 20 ans. Elle est la première femme à diriger cette institution culturelle dont elle est administratrice générale entre 2006 et 2014. Sous sa direction, Muriel Mayette-Holtz organise un projet d'exposition d'art contemporain visant à mettre en valeur de grandes artistes femmes. Elle devient aussi la première femme à diriger l'Académie de France à Rome – Villa Médicis, le 3 septembre 2015.

**3 mai 2002 :** décès de **Barbara Castle**, femme politique britannique et membre du Parti travailliste. Dans les années 60, elle est à la tête de plusieurs ministères – Développement d'outre-mer et Transports, entre autres. En 1968, elle est secrétaire d'État à l'Emploi et à la Productivité et elle décide d'intervenir en faveur des 187 ouvrières femmes en grève à l'usine automobile Ford Dagenham. Ces dernières réclament une requalification de leur travail et un salaire presque égal à celui des hommes. Ceux-ci finissent par se rallier au mouvement et l'usine, la plus grande d'Europe, est à l'arrêt. Barbara Castle reçoit à Londres quelques-unes des grévistes devant une tasse de thé. Si l'on n'accède pas totalement à leurs revendications, elles acceptent de reprendre le travail contre la promesse d'une augmentation de salaire qui réduira l'écart avec ceux de leurs collègues masculins. La grève aura duré trois semaines. Mais Barbara Castle veut aller plus loin et elle se bat pour que soit adopté l'Equal Pay Act en 1970. Ce dernier instaure, à compétences égales, l'égalité des salaires entre hommes et femmes au Royaume-Uni. Barbara Castle est également députée européenne de 1979 à 1989.

**4 mai 1904:** naissance d'**Oum Kalsoum**, chanteuse, musicienne et actrice égyptienne. À 10 ans, son père la fait entrer – déguisée en garçon – dans la petite troupe de cheikhs qu'il dirige. À 16 ans, elle est remarquée par des musiciens connus et elle se rend alors au Caire où elle chante – toujours habillée en garçon – dans de petits théâtres. S'ensuit une tournée orientale, puis mondiale. Elle se produit même à l'Olympia en novembre 1967 devant un Charles de Gaulle conquis. Surnommée « Le rossignol d'Égypte », elle est considérée comme la « cantatrice du peuple ». En effet, n'oubliant pas ses origines paysannes, Oum Kalsoum s'investit dans de nombreuses œuvres caritatives. Malgré le succès et l'argent, elle a d'ailleurs toujours souhaité vivre modestement.

**5 mai 1974:** premier tour des présidentielles en France. **Arlette Laguiller**, politicienne française d'extrême gauche, est la première femme à se présenter aux élections présidentielles en France. Durant la campagne, elle dénonce le statut de la femme dans la société, s'insurgeant contre ses conditions de travail, les inégalités de revenus et l'interdiction de l'interruption volontaire de grossesse. À l'issue du premier tour, elle se place en cinquième position sur douze candidat·e·s avec 2,33 % des suffrages exprimés. Avec six candidatures consécutives entre 1974 et 2007 et des scores allant de 1,33 à 5,72 % des suffrages, elle détient à ce jour le record du nombre de candidatures présidentielles en France.

**6 mai 1992:** décès de **Marlene Dietrich**, actrice et chanteuse allemande naturalisée américaine en juin 1939. L'artiste n'est pas féministe dans l'âme. En effet, elle considère même que l'émancipation féminine pourrait aller à l'encontre de la féminité. Elle raconte cependant avoir tenu tête à Hollywood qui exigeait qu'elle cache l'existence de sa fille car cela pouvait entamer son sex-appeal auprès du public. Dès les années 30, Marlene Dietrich s'engage dans le combat contre le nazisme et met sa célébrité au service de l'effort de guerre. À noter qu'elle héberge Jean Gabin entre 1941 et 1943 qui a refusé de tourner pour les Allemands. Les deux artistes auront une relation passionnée.

**7 mai 1748 :** naissance de **Marie Gouze**, dite **Olympe de Gouges**. Elle est considérée comme l'une des pionnières et figures majeures du féminisme français. Autrice de la Déclaration des droits de la femme et de la citoyenne en septembre 1791 qui rappelle que « la femme naît libre et demeure égale à l'homme en droits », Olympe de Gouges signe de nombreux écrits – pamphlets, pièces de théâtre – qui défendent les droits civils et politiques des femmes. En février 1790, elle demande l'instauration du divorce, principe adopté par l'assemblée législative le 20 septembre 1792. Parmi ses autres revendications, elle réclame la suppression du mariage religieux et la création de maternités. La redoutable pamphlétaire est souvent prise pour emblème par les mouvements féministes contemporains.

**7 mai 1842 :** naissance d'**Isala van Diest** qui est la première femme universitaire et première femme médecin en Belgique. Fille d'un chirurgien, elle reçoit la même éducation que ses frères. Les universités belges n'acceptant pas les femmes, elle se rend à Berne en Suisse qui est, à l'époque, le seul pays européen à accepter les femmes dans ses universités. En 1876, elle obtient un doctorat en sciences naturelles et en 1879, son diplôme de médecin avec une thèse sur l'hygiène dans les prisons. Isala van Diest part exercer en Angleterre pendant deux ans. Elle revient dans son pays natal mais elle doit suivre des cours complémentaires afin de valider son diplôme. Isala van Diest devient alors une des premières étudiantes dans une université belge. Un arrêté royal de 1884 lui autorise enfin le droit d'ouvrir son propre cabinet médical, qu'elle installe à Bruxelles.

**8 mai 2020 :** décès de **Cécile Rol-Tanguy**, résistante française. Fille d'un des cofondateurs du Parti communiste français (PCF), elle entre dans la Résistance parisienne en tant qu'agent de liaison en juillet 1940. C'est elle qui, le 19 août 1944, rédige l'appel à l'insurrection des Parisiens, dicté par son mari Henri Rol-Tanguy, militant communiste et dirigeant syndical.

**9 mai 1921 :** naissance de **Sophie Magdalena Scholl**, résistante allemande. Elle est, très jeune, embrigadée dans les jeunesses hitlériennes, mais ouvre rapidement les yeux sur la barbarie nazie. Elle est profondément chrétienne et malgré l'interdiction, elle parvient à conserver quelques livres religieux. Dès juin 1942, elle organise des réunions avec son frère et distribue courageusement des tracts dans les rues afin de promouvoir les idées de son réseau. Elle est dénoncée le 18 février 1943 et est arrêtée par la Gestapo. Elle finit par avouer fièrement être membre du réseau La rose blanche et sera guillotinée le 22 février 1943.

**10 mai 1925 :** **Alexandra David-Néel**, orientaliste, tibétologue, chanteuse d'opéra, féministe, journaliste, anarchiste, écrivaine et exploratrice, arrive au Havre après un périple extraordinaire. Partie seule en Inde en 1911 pour un voyage d'études sur le bouddhisme, elle rencontre le treizième Dalaï-Lama, ce qui est rarissime pour une Européenne. Le 28 février 1924, elle est la première femme occidentale à atteindre Lhassa, la capitale du Tibet. Très jeune, Alexandra David-Néel se passionne pour l'Asie. Elle se lance dans des études d'orientalisme et, à 21 ans, se convertit au bouddhisme et écrit des articles et essais sur le sujet. Par ailleurs, elle joue du piano et entame même une carrière de chanteuse lyrique qui la fait voyager dans le monde entier jusqu'à l'été 1902.

**11 mai 1885:** naissance de **Lucie Randoin**, biologiste, hygiéniste et universitaire française à l'origine d'études pionnières sur les vitamines. À une époque où les carrières scientifiques sont réservées aux hommes, seule l'agrégation de sciences naturelles est commune aux hommes et aux femmes. En 1911, Lucie Randoin devient agrégée de sciences naturelles en se classant deuxième de toute sa promotion (mixte). Elle est la première femme à enseigner à la faculté de médecine de Paris et, entre 1910 à 1957, comptabilise près de 500 publications scientifiques. Elle est aussi la fondatrice de l'École supérieure technique de diététique.

**12 mai 1929:** la fête des mères est adoptée en France. Cette célébration apparaît aux États-Unis en 1908, à l'initiative d'Anna Jarvis, pieuse fille de famille nombreuse, décidée à honorer sa mère au point que le gouvernement finit par instaurer le «Mother's Day». Le Royaume-Uni officialise à son tour cette fête en 1914, puis l'Allemagne en 1923.

**12 mai 1967:** **Jacqueline Dubut** est une aviatrice française. Après avoir été la première femme de France à occuper le poste de copilote, elle devient le 12 mai 1967 la première femme pilote de ligne professionnelle de première classe sur la compagnie Air Inter.

**13 mai 1957:** naissance de **Claudie André-Deshays**, scientifique et astronaute française, connue sous le nom de **Claudie Haigneré**. En août 1996, après onze ans de sélection, elle effectue un vol de seize jours à bord de la station orbitale russe MIR dans le cadre de la mission franco-russe Cassiopée, ce qui fait d'elle la première femme française et européenne à être allée dans l'espace. Elle est de nos jours conseillère du directeur général de l'Agence spatiale européenne.

**14 mai 1940:** décès d'**Emma Goldman**, intellectuelle, activiste féministe et anarchiste russe qui a émigré aux États-Unis à l'âge de 16 ans. À cause de ses convictions, on la prive de parole et on l'enferme, mais Emma Goldman ne se rend pas. On la déchoit alors de la citoyenneté américaine et elle est déportée en Union soviétique en 1919. Contrairement au courant de l'époque, le droit de vote l'indiffère totalement. Ses écrits et ses conférences touchent divers domaines comme la prison, l'athéisme, la liberté d'expression, le militantisme, le mariage ou encore l'homosexualité. Elle défend la contraception et l'amour libre. « Je veux la liberté, je veux que chacun ait le droit de s'exprimer et que chacun ait accès aux choses belles et radieuses » écrivait-elle. Elle finira sa vie apatride mais sans jamais rendre les armes.

**15 mai 1991 :** après avoir occupé différents postes de pouvoir tels que ministre de l'Écologie ou ministre du Commerce extérieur et du Tourisme, **Edith Cresson**, femme politique française, est nommée Premier ministre par le président François Mitterrand. Elle est la première femme – et à ce jour la seule – à avoir occupé la fonction de chef du gouvernement en France. Elle reste à ce poste jusqu'en avril 1992.

**16 mai 1975 :** à 12h30 précises, **Junko Tabei**, alpiniste japonaise, atteint le sommet de l'Everest, la plus haute montagne du monde (8848 mètres). Elle est la première femme à réaliser cet exploit. Junko Tabei découvre l'alpinisme à l'âge de 10 ans. En 1969, elle fonde un club d'alpinisme réservé aux femmes dont le slogan était : Partons en expédition à l'étranger par nous-mêmes. En 1992, Junko Tabei devient aussi la première femme à gravir les « Sept sommets », les points culminants des sept continents.

**17 mai 2010 : Edurne Pasaban**, alpiniste espagnole, réalise l'ascension du Shishapangma (8013 mètres). Elle y parvient lors de sa cinquième tentative. On la considère comme la première femme à avoir vaincu les 14 sommets de plus de 8000 mètres dans le monde, exploit réussi à ce jour par seulement quelques dizaines d'alpinistes. La première personne à l'avoir fait est Reinhold Messner, le 16 octobre 1986.

Le 22 juin 1922, Suzanne Lenglen affronte Germaine Golding au stade Croix-Catelan (Paris) devant un public venu en masse.

# Suzanne Lenglen

24 mai 1899 – 4 juillet 1938

Suzanne Lenglen est une illustre joueuse de tennis française considérée comme la première star internationale du tennis féminin. Celle qui a touché sa première raquette à 11 ans peut se targuer d'une carrière impressionnante : 241 titres, une série de 181 victoires, avec une statistique de 98 % de matchs gagnés. Elle remporte deux fois les Internationaux de France, six fois Wimbledon, et décroche même la médaille d'or olympique du simple dames aux Jeux d'Anvers en 1920. En hommage à « La divine », comme on la surnommait, le deuxième court principal du stade Roland-Garros porte son nom. Pour l'anecdote, en 1919, lors d'un match à Wimbledon, le père de Suzanne Lenglen, voyant cette dernière faiblir, lui jette un flacon de cognac dont elle boit une gorgée. Revigorée, elle sauve deux balles de match et remporte même la victoire. Ainsi, cet alcool deviendra son remontant et son grigri pendant les matchs.

**18 mai 1958:** **Maria Teresa De Filippis**, pilote automobile italienne, est la première femme à participer à une course de championnat du monde de Formule 1, le Grand Prix de Monaco. Au volant d'une Maserati 250 F privée, elle ne se qualifie malheureusement pas. Quelques semaines auparavant, elle participe pour la première fois à une course de Formule 1 dans une épreuve hors championnat: le Grand Prix de Syracuse. Elle termine cinquième, la meilleure performance jamais réalisée par une femme en F1. Après avoir effectué quelques compétitions de F1 et de F2, très affectée par le décès du champion automobile Jean Behra lors d'une course, Maria Teresa De Filippis met un terme à sa carrière.

**19 mai 1957:** décès d'**Alice Milliat**, nageuse, hockeyeuse et rameuse française. Elle est l'une des plus ferventes militantes du combat pour la reconnaissance du sport féminin au niveau international. Elle écrit des articles sur le sport féminin pour des journaux sportifs, est membre du Fémina Sport, l'un des premiers clubs de sports féminins, fondé en 1912 et qu'elle préside à partir de 1915. En mars 1919, elle cofonde la Fédération des sociétés féminines sportives de France, dont elle est nommée présidente. Elle demande alors au Comité international olympique (CIO) d'inscrire des épreuves féminines d'athlétisme aux Jeux d'Anvers de 1920. Le fondateur du CIO, Pierre de Coubertin, refuse catégoriquement. En 1921, Alice Milliat crée une Fédération sportive féminine internationale chargée d'homologuer les records du monde féminin. En 1922, elle organise la première édition des Jeux Mondiaux Féminins à Paris. D'autres Jeux suivent et devant leur succès, le CIO autorise enfin les femmes à concourir dans les épreuves d'athlétisme aux Jeux olympiques d'Amsterdam en 1928. Alice Milliat fait d'ailleurs partie du jury, elle est la seule femme entourée de dirigeants masculins. Celle qui s'est tant battue pour le sport féminin décédera dans l'oubli quelques années plus tard.

**20 mai 1860:** naissance de **Liouba Bortniker**, mathématicienne russe, naturalisée française par un décret du 4 juin 1885. Elle est, en France, la deuxième femme licenciée en mathématiques et la première femme agrégée en mathématiques en 1885. Elle est aussi la première récipiendaire du prix Peccot. Les cours Peccot sont des leçons de mathématiques du Collège de France dispensés par des mathématiciens de moins de 30 ans dont les premiers travaux ont été très prometteurs. Certains titulaires de ces fameux cours peuvent même être récompensés par un prix supplémentaire : le prix Peccot-Vimont.

**21 mai 1981 :** **Yvette Roudy**, politicienne française, militante socialiste et féministe, est nommée ministre des Droits de la femme, poste qu'elle occupe jusqu'en 1986. Elle lance une campagne sur la contraception puis met en place le remboursement de l'IVG par la Sécurité sociale. La même année, l'Association des femmes journalistes est créée grâce à son soutien. Durant son ministère, celle qui dit qu'elle est devenue féministe grâce à son père est à l'initiative de pas moins de six lois contre l'inégalité des sexes. En 1995, elle lance le Manifeste pour la parité. Yvette Roudy est aujourd'hui la doyenne des femmes politiques françaises. Ses compatriotes lui doivent beaucoup.

**22 mai 2021 :** décès de **Jacqueline Caurat**, journaliste, présentatrice et animatrice de télévision française. Les Françaises et les Français font sa connaissance en 1952 sur la RTF – l'unique chaîne de télévision – en tant que speakerine. Puis elle anime différentes émissions scolaires religieuses mais aussi un programme sur la philatélie – sa grande passion – à partir de 1961. En 1975, elle présente sur TF1 le magazine féminin diffusé quotidiennement.

**23 mai 2019 :** **Élisabeth Revol**, alpiniste française, parvient au sommet de l'Everest par voie normale, son « rêve de gamine ». Elle est la première femme à réaliser le triplé Broad Peak – Gasherbrum I – Gasherbrum II en solitaire et sans oxygène. Elle est également la première femme à réussir un 8000 mètres en hiver et en style alpin.

MAI

**24 mai 1899 :** naissance de **Suzanne Lenglen**, joueuse de tennis française. À l'âge de 11 ans, son père lui offre une raquette de tennis et la laisse jouer sur le court en terre battue de la propriété familiale. La jeune fille prend beaucoup de plaisir à ce sport et elle a indubitablement des aptitudes ! Son père décide alors de l'entraîner et lui fait inlassablement renvoyer des balles sur des cibles parsemées sur le court. Quatre ans plus tard, Suzanne Lenglen remporte le championnat du monde sur terre battue à Saint-Cloud. Elle devient, ainsi une des plus jeunes championnes de tennis. Surnommée « La divine » ou encore « La diva du tennis », elle est la première star internationale du tennis féminin. Entre 1919 et 1926, elle est imbattable : 241 titres, une série de 181 victoires, avec une statistique de 98 % de matchs remportés. Elle s'impose, entre autres, deux fois aux Internationaux de France et six fois à Wimbledon. Le deuxième court principal du stade Roland-Garros porte son nom. Profitant de sa renommée, Suzanne Lenglen écrit des ouvrages sur les techniques du tennis.

**25 mai 1917 :** naissance d'**Odette Roux**, institutrice, résistante et femme politique française. Le 30 septembre 1944, le préfet Léon Martin la nomme Conseillère municipale aux Sables-d'Olonne. En 1945, elle figure sur la « liste d'union pour la résistance antifasciste » aux élections municipales des Sables-d'Olonne, qui l'emporte au second tour. Le 18 mai 1945, Odette Roux est élue mairesse par le nouveau conseil municipal et devient l'une des premières femmes mairesses de France et la première femme à administrer une sous-préfecture.

**26 mai 1920 :** naissance de **Peggy Lee**, chanteuse, auteure-compositrice de chansons et actrice américaine. Elle a exercé l'une des plus importantes influences musicales du XX$^{e}$ siècle dans le domaine du chant de style jazz. Duke Ellington, avec qui elle a collaboré, dit d'elle : « Si je suis le Duc, alors Peggy est la Reine. » Tony Bennett la considère comme la Frank Sinatra féminine… À la différence près qu'elle a beaucoup œuvré en tant qu'auteure-compositrice. En effet, elle a écrit les paroles et la musique de nombreux tubes dont la chanson du film *La belle et le clochard* de Walt Disney.

**26 mai 1929 :** **Lucie Dejardin**, femme politique et féministe belge, est élue députée. Elle est la première femme belge parlementaire élue au suffrage universel. Elle est réélue en 1932. Pendant la Première Guerre mondiale, elle est agente de renseignements pour le compte des Alliés. En juillet 1915, elle est arrêtée par les Allemands qui la condamnent à la prison à perpétuité. Elle est finalement libérée fin 1917 grâce à un échange de prisonniers. En 1926, Lucie Dejardin devient conseillère communale à Liège et le reste jusqu'à son décès. Entre autres actions militantes, elle multiplie les conférences et les meetings au sein des organisations féminines et fonde le congrès national des femmes socialistes.

**27 mai 1907 :** naissance de **Rachel Louise Carson**, première personne à s'insurger contre les pesticides et à sensibiliser la communauté internationale sur leur dangerosité avec son livre intitulé *Printemps silencieux*, considéré comme le premier ouvrage de vulgarisation scientifique sur le scandale des produits phytosanitaires. Ce livre est même à l'origine de la campagne menée pour interdire le Dichlorodiphényltrichloroéthane (DDT) aux États-Unis. En effet, une organisation est créée afin d'engager un procès contre le gouvernement, procès que l'organisation gagne et qui donne naissance au mouvement écologique moderne de la fin du XXe siècle.

**28 mai 1999 :** **Caroline Aigle** est brevetée pilote de chasse de l'Armée de l'air française. La première femme à piloter des Mirage devient commandant d'escadrille six ans plus tard. À côté, Caroline Aigle pratique la chute libre et le triathlon militaire à haut niveau. Elle rêve d'aller dans l'espace et, pour ce faire, passe un diplôme en astrophysique et commence l'apprentissage du russe. Malheureusement touchée par un cancer, elle décède en août 2007, à l'âge de 32 ans.

**29 mai 1830 :** naissance de **Louise Michel**, institutrice, écrivaine, militante anarchiste française aux idées féministes et l'une des figures majeures de la Commune de Paris. En 1852, elle obtient un diplôme d'institutrice. Elle refuse de prêter serment à Napoléon III et en deux ans, elle crée deux écoles libres en Haute-Marne. En 1855, elle s'installe à Paris et y met également sur pied des écoles libres dans lesquelles elle œuvre, dispensant un enseignement identique aux filles et aux garçons. En 1871, elle participe activement aux événements de la Commune de Paris, en prenant part au combat et officiant comme ambulancière. Arrêtée, Louise Michel est déportée en Nouvelle-Calédonie en 1873. C'est là qu'elle fait la rencontre de Nathalie Lemel qui la convertit à l'anarchisme. Sept ans plus tard, Louise Michel est de retour à Paris. Le 9 mars 1883, elle organise une manifestation qui dégénère en bataille rangée avec les forces de l'ordre. Elle est condamnée à six ans de prison mais est graciée en 1886. La même année, elle est de nouveau enfermée quatre mois pour un discours… Jusqu'à la fin de sa vie, elle sera arrêtée et incarcérée plusieurs fois ; mais, en militante infatigable, ne cessera jamais ses actions.

**30 mai 1868 :** naissance de **Camille du Gast**, pilote automobile française. Elle est officiellement la seule femme de l'époque licenciée à l'Automobile Club de France (ACF). Le 5 mars 1894, l'ACF décide d'exclure les femmes. Aussi, Camille du Gast réagit dans une lettre au journal *L'Auto* pour protester contre cette mise à l'écart : « Ai-je écrasé quelqu'un ? Ai-je commis une incorrection pendant le parcours ? Quelqu'un a-t-il élevé la moindre critique contre ma façon de conduire ? Pas le moins du monde. » En 1901, elle est la première Française à participer à une course automobile, le Paris-Berlin. Elle termine 33e. Après plusieurs courses, le constructeur Benz lui propose de courir sous ses couleurs en 1904. Mais le gouvernement français l'en empêche, de même qu'il interdit à toute femme de participer à des compétitions automobiles. Elle se tourne alors vers des courses de canots automobiles. Après la Première Guerre mondiale, Camille du Gast devient la vice-présidente de la Ligue française du droit des femmes. Elle met aussi en place des actions caritatives pendant la Seconde Guerre mondiale afin de venir en aide aux orphelins et aux filles-mères.

**30 mai 1926 :** naissance de l'Américaine **Christine Jorgensen**, première personne mondialement connue pour avoir subi une chirurgie de réassignation sexuelle dans les années 1950. Cette opération ayant été pratiquée dans les années 20 et 30 – sans succès –, Christine Jorgensen n'est donc pas la première personne au monde à l'avoir effectuée ni la première personne trans des États-Unis, mais elle est la première personne à avoir été très largement connue pour sa démarche de transformation. Elle est aussi la première personne à se faire prescrire l'hormonothérapie. Après une année de cette thérapie de substitution hormonale, elle est opérée au Danemark par le Dr Christian Hamburger. Aidée par un ambassadeur américain, elle fait changer son passeport afin d'être reconnue du sexe féminin et pouvoir commencer sa vie de femme. Quelques années plus tard, Christine Jorgensen se fait faire une vaginoplastie. Même si elle est l'objet de railleries, elle vit pleinement son existence de femme, devenant photographe, actrice et chanteuse de cabaret. Elle a même son propre spectacle et chante *I enjoy being a girl*, soit *J'adore être une fille*. Elle décide d'utiliser sa notoriété pour servir la cause des personnes trans. Lors d'une conférence de presse, elle déclara : « Nous n'avons pas commencé la révolution sexuelle mais je pense que nous lui avons donné un bon coup de pied aux fesses ! »

**31 mai 1908 :** naissance d'**Élisabeth Schmidt**, protestante française. Le 20 octobre 1949, elle est reçue pasteure de l'Église réformée de Sète et devient ainsi la première femme à recevoir la consécration pastorale dans l'Église réformée de France (ERF). Elle se bat pour la reconnaissance des ministères féminins dans son église et l'obtient en 1965-1966.

MAI

**31 mai 2010 :** décès de **Louise Joséphine Bourgeois**, sculptrice et plasticienne française, naturalisée américaine. Elle est proche du mouvement féministe, mais reste toute sa vie non affiliée à une mouvance particulière. Son travail d'artiste est tardivement reconnu mais elle est considérée comme particulièrement influente sur les générations d'artistes ultérieures, notamment féminines. En 2011, une de ses « œuvres-araignées » est vendue pour 10,7 millions de dollars, le prix le plus élevé jamais payé pour une œuvre d'une femme artiste.

# JUIN

Jacqueline Auriol (5.11.1917 – 11.02.2000) est une aviatrice qui bat le record de vitesse sur un Mirage le 22 juin 1959.

© Studio Harcourt, Public domain, via Wikimedia Commons

« Après le verbe “aimer”, “aider” est le plus beau verbe du monde. »

Bertha von Suttner, 9 juin 1843 – 21 juin 1914

Première femme à obtenir le prix Nobel de la paix en 1905

**1er juin 1968 :** **Lise Girardin**, femme politique suisse, devient mairesse de Genève. Elle est la première Suissesse à occuper une telle fonction. Elle est aussi la première femme membre du Conseil administratif de la ville de Genève (1967-1979). En 1971, elle est la première femme à être élue au Conseil des États, la chambre haute du parlement. Elle s'engage en faveur de l'égalité et de la décriminalisation de l'avortement dans son pays.

**2 juin 1701 :** décès de **Madeleine de Scudéry**, femme de lettres française. Orpheline, elle est élevée par son oncle, un ecclésiastique qui lui donne le goût de la lecture, des arts, de la danse, de la musique et l'introduit dans le « beau monde ». Madeleine de Scudéry est la première femme à recevoir le prix de l'éloquence de l'Académie française, pour son *Discours de la gloire*. En 1642, elle participe à la rédaction du *Recueil des femmes illustres*. Elle écrit, sous le nom de son frère Georges, grand nombre de romans à succès. Elle a de l'esprit et de la conversation, aussi elle reçoit chez elle des hôtes de renom comme Mme de La Fayette, Mme de Sévigné, ou M. de La Rochefoucauld dans le cadre de son salon littéraire « Les Chroniques du Samedi », créé en 1652.

**3 juin 2021 :** le mot « féminicide » entre dans le Larousse. À noter que le mot est inscrit dans le Robert depuis 2014. En 2020, elles étaient 90 femmes à avoir été victimes de féminicides.

**4 juin 1936 :** Léon Blum, président de la République française, nomme trois femmes dans son gouvernement. Il s'agit de **Cécile Brunschvicg**, présidente de l'UFSF (Union française pour le suffrage des femmes), **Suzanne Lacore** et **Irène Joliot-Curie**, respectivement sous-secrétaire d'État à l'Éducation nationale, à la Protection de l'enfance et à la Recherche scientifique. C'est la première fois que des femmes entrent au gouvernement, qui plus est à une époque où elles ne peuvent ni voter, ni se présenter. Après la démission du premier gouvernement Léon Blum en juin 1937, il n'y aura aucune femme dans les ministères de la fin de la IIIe République.

**4 juin 1962:** la Britannique **Beryl Swain** devient la toute première femme à participer à un Grand Prix Moto GP. À 22 ans, elle s'élance au guidon de son Itom 50 cc et se classe à la 22e position, laissant trois hommes derrière elle.

**4 juin 1970:** la Loi n° 70-459 du 4 juin 1970 institue l'autorité parentale. Dans les couples mariés, elle est exercée par les deux parents. En cas de divorce, la garde est toujours attribuée à l'époux « innocent ». Antérieurement, c'est le père qui exerçait seul la puissance paternelle.

**5 juin 1904:** naissance d'**Édith Clark**. En 1936, alors que le brevet de parachutiste vient d'être créé, elle est la première femme à l'obtenir, ce qui lui permet de devenir officiellement parachutiste professionnelle. Elle fait du saut en parachute un véritable spectacle. Elle se lance de la Coupole du Palais des Sports à Paris à seulement 15 mètres du sol, elle atterrit au Cirque d'Hiver, dans une cage pleine de lions. Elle se tue le 16 mars 1937 après-midi, sur le terrain d'aviation d'Avignon-Pujaut dans le Gard, centre des parachutistes de l'Armée de l'Air. Après deux essais fructueux avec un nouveau modèle de parachute, Edith Clark se jette à nouveau dans le vide à 500 mètres de hauteur, un saut qui lui sera fatal car malheureusement, cette fois, le parachute ne s'ouvre pas.

**6 juin 2000:** la Loi n° 2000-493 du 6 juin 2000 a pour objectif de favoriser l'égal accès des femmes et des hommes aux mandats électoraux et fonctions électives. Cette loi contraint les partis politiques à présenter un nombre égal d'hommes et de femmes pour les élections régionales, municipales, sénatoriales et européennes. Avec cette loi, la France devient le premier pays du monde à adopter un système paritaire pour les élections à un tour.

**7 juin 2019:** **Corinne Diacre** est une footballeuse internationale française devenue entraîneuse. En 2014, elle devient la première femme à obtenir le Brevet d'entraîneur de football professionnel permettant d'entraîner des clubs de

Ligue 1 et Ligue 2. Le 7 juin 2019, elle participe à sa première coupe du monde en tant que sélectionneuse de l'équipe de France féminine. Celle-ci remporte le premier match 4-0 au Parc des Princes, face à la Corée du Sud.

**8 juin 1876:** décès de **George Sand**, née **Aurore Dupin**, journaliste et femme de lettres française. Avec plus de 120 œuvres, elle fait partie des écrivaines les plus prolifiques de tous les temps. Elle est connue pour être la première femme à vivre de sa plume. Sa grand-mère la précède et l'inspire dans la défense des femmes. Ainsi, féministe avant l'heure, George Sand s'élève contre le mariage et la société conservatrice de l'époque. L'écrivaine a une vie amoureuse agitée, porte une tenue virile dès 1829 et utilise un pseudonyme masculin dès l'âge de 25 ans. Elle sera à l'origine de plusieurs mouvements de mode imitant sa liberté vestimentaire et son nom d'homme.

**9 juin 1974:** des féministes appellent à une grande grève nationale des femmes. L'idée est de montrer que sans les femmes, la société ne peut plus fonctionner normalement et qu'elles sont donc indispensables. Dans un reportage télévisé de l'époque, une militante répond à un journaliste, qui lui demande en quoi consiste cette grève: «On fait grève pour que les femmes se rendent compte de ce qu'il se passerait si elles s'arrêtaient. Et si je m'arrêtais de m'occuper de mon mari? Et si j'arrêtais de travailler?»

**10 juin 1955:** décès de **Margaret Ives Abbott**, golfeuse américaine. Le 4 octobre 1900, elle remporte une médaille d'or aux Jeux olympiques de Paris. C'est la première femme américaine médaillée d'or lors de Jeux olympiques et aussi la première championne olympique de golf. Elle réussit le meilleur score – 47 points – sur le parcours de 9 trous de Compiègne dans l'Oise devant une foule extrêmement enthousiaste. Pour la première fois, des femmes participent à certaines compétitions – voile, tennis, tir, équitation, aviron, croquet, pêche, sauvetage et golf. Elles ne sont que 22 sur les 997 participantes et participants.

**11 juin 2006:** décès de **Rolande Falcinelli**, musicienne, organiste, pianiste, compositrice, improvisatrice et pédagogue française. Elle commence le piano au Conservatoire de Paris à l'âge de 5 ans. Pendant la Première Guerre mondiale, beaucoup de professeurs de piano fuient Paris, aussi se tourne-t-elle vers l'orgue. En 1941, elle entre dans la classe d'orgue et d'improvisation de Marcel Dupré. Elle obtient alors de nombreuses récompenses: premier prix d'orgue et d'improvisation (1942), prix Rossini (1942), entre autres. Rolande Falcinelli est l'une des premières femmes organistes de profession. Elle est notamment titulaire à la Basilique du Sacré-Cœur de Montmartre entre 1946 et 1973, ce qui fait aussi d'elle l'une des premières femmes à travailler pour une très grande église de la capitale française. Elle a composé 60 numéros d'opus durant sa carrière.

**12 juin 1895:** naissance d'**Eugénie Brazier**, cuisinière française. Le 10 avril 1921, la mère Brazier, comme on l'appelle, ouvre son restaurant au 12, rue Royale à Lyon. Ce dernier devient vite une adresse incontournable. En 1933, ses deux restaurants de Lyon et du col de la Luère – fondé en 1928 – décrochent 3 étoiles au Guide Michelin. Eugénie Brazier devient alors la première femme triplement étoilée mais aussi la première personne à doubler cet exploit – Alain Ducasse sera le deuxième en 1997. Le célèbre chef Paul Bocuse sera l'un de ses commis. En 1968, Eugénie Brazier range son tablier et ses établissements sont repris par son fils Gaston.

**13 juin 1966:** naissance de **Laurence des Cars**, conservatrice générale du patrimoine et historienne de l'art française. Elle est présidente du musée de l'Orangerie depuis 2014 et du musée d'Orsay depuis 2017. Le 26 mai 2021, elle est nommée présidente directrice du musée du Louvre à compter du 1er septembre suivant. Elle est la première femme à accéder à la tête du plus grand musée du monde.

**14 juin 1937:** la circulaire ministérielle française du 14 juin 1937 permet de délivrer un passeport à une femme mariée sans l'autorisation de son mari.

**15 juin 1921 :** après sept mois d'entraînement, l'Américaine **Bessie Coleman** obtient la licence internationale de pilote de la Fédération aéronautique internationale à l'âge de 21 ans. Elle devient ainsi non seulement la première femme noire pilote, mais également la première personne d'origine afro-américaine à obtenir cette certification. Ce ne fut pas sans mal. En effet, aucune école de pilotage ne l'accepte aux États-Unis à cause de sa couleur de peau. Qu'à cela ne tienne, elle part faire sa formation en France en novembre 1920. Une fois sa licence obtenue, ses aventures passionnent l'Amérique entière, blanche comme noire. Le 30 avril 1926, Bessie Coleman décolle de Dallas afin de préparer un saut en parachute qui aura lieu le lendemain. C'est son mécanicien qui pilote l'appareil. Ce dernier part en vrille, et Bessie Coleman, qui n'a pas attaché sa ceinture de sécurité, est éjectée et s'écrase au sol. Elle meurt sur le coup ainsi que son mécanicien. La jeune femme avait 34 ans.

**16 juin 1963 :** choisie parmi 400 femmes russes, **Valentina Terechkova** effectue 48 orbites autour de la Terre à bord de la navette spatiale « Vostok 6 ». Sa mission dure 2 jours 22 heures et 41 minutes. À l'époque, c'est plus que le total des heures de vol de tous les astronautes américains confondus ! Lors de l'atterrissage de Vostok 6, la jeune Russe s'éjecte à 7000 mètres d'altitude, munie d'un parachute. Malheureusement, elle se retrouve au-dessus d'un lac ; mais la courageuse « mouette » – son sobriquet – réussit toutefois à survoler l'étendue d'eau et à atterrir sans encombre sur la terre ferme. Elle reste à ce jour la seule femme à avoir effectué un voyage en solitaire dans l'espace, mais aussi la plus jeune cosmonaute de tous les temps.

**17 juin 1928 : Amelia Earhart**, aviatrice américaine, traverse l'Atlantique en avion – comme passagère – avec le pilote Wilmer Stultz et le copilote Louis Gordon. Le périple dure 20 heures 40 minutes. Elle devient la première femme à traverser l'Atlantique en avion. En 1920 et 1921, elle prend des cours de pilotage, ce que sa famille ne cautionne pas du tout. L'année suivante, elle fait l'acquisition de son premier avion. En mai 1932, elle décide de réitérer l'exploit du survol de l'Atlantique, mais aux commandes de l'appareil cette fois-ci. Elle relève le défi en réalisant le temps record de 14 heures 56 minutes! Quelques années plus tard, elle entreprend un tour du monde avec son navigateur Frederick Noonan. Le 2 juillet 1937, leur avion disparaît mystérieusement vers le centre de l'océan Pacifique.

**18 juin 2014:** décès de **Stéphanie Kwolek**, inventrice américaine. En 1964, elle met au point le poly-paraphénylène téréphtalamide (Kevlar), une fibre synthétique cinq fois plus solide que l'acier, en 1964. Le Kevlar est introduit en 1971. Au cours de sa carrière, Stéphanie Kwolek dépose entre 17 et 28 brevets. Elle fait partie de l'Académie nationale des sciences et est inscrite au National Inventors Hall of Fame – organisation qui honore les inventrices et inventeurs - et au National Women's Hall of Fame en 2003.

**19 juin 1945:** naissance de **Françoise Chandernagor**, femme de lettres française. À 21 ans, elle intègre l'École nationale d'administration (ENA). Elle en sort deux ans plus tard major de sa promotion. Elle est la première femme à obtenir ce rang. Elle intègre le Conseil d'État et s'investit bénévolement dans diverses actions caritatives et culturelles. En 1994, elle quitte l'administration et se consacre à l'écriture. Françoise Chandernagor est membre de l'Académie Goncourt depuis juin 1995.

**20 juin 1934:** naissance d'**Anne Sylvestre**, chanteuse, autrice-compositrice française et féministe. En 1973, elle s'engage pour l'avortement avec la chanson *Non, tu n'as pas de nom*. Elle dénonce le viol et la culpabilisation des victimes dans *Douce Maison* en 1978 et les violences faites aux femmes dans *Juste une femme* en 2013.

Valentina Terechkova, le 1er janvier 1969.

# Valentina Terechkova

6 mars 1937 – …

Valentina Terechkova est la première – et seule femme à ce jour – à avoir effectué un voyage en solitaire dans l'espace. Le 16 juin 1963, choisie parmi 400 femmes russes, elle effectue 48 orbites autour de la Terre à bord de la navette spatiale Vostok 6. Sa mission dure 2 jours 22 heures et 41 minutes. À l'époque, c'est plus que le total des heures de vol de tous les astronautes américains confondus ! Lors de l'atterrissage de Vostok 6, la jeune Russe s'éjecte à 7000 mètres d'altitude, munie d'un parachute.

**21 juin 1914 :** décès de **Bertha von Suttner**, pacifiste autrichienne. Elle publie des essais et des romans pacifistes, dont *Bas les armes !*, livre dans lequel elle décrit la guerre avec le point de vue d'une femme. Le livre est un véritable succès et est traduit en 12 langues. Le 10 décembre 1905, Bertha von Suttner devient la première femme à obtenir le prix Nobel de la paix qu'elle reçoit le 18 avril 1906 à Oslo (Suède). Même si Alfred Nobel – dont elle est la secrétaire privée pendant un temps – avait tout de suite pensé à Bertha von Suttner en instituant son prix pour la paix en 1901, elle ne l'obtient qu'à la cinquième édition.

**22 juin 1959 :** **Jacqueline Auriol**, aviatrice française, bat le record de vitesse sur un Mirage avec 1849 km/h. En 1948, elle passe avec succès son brevet de tourisme. En 1949, Jacqueline Auriol est victime d'un accident et subit 22 opérations. Courageuse et véritable miraculée, elle en profite pour parfaire son apprentissage de pilote. En 1950, elle est brevetée pilote militaire, elle devient alors la première femme pilote d'essai française. Le 15 août 1953, elle franchit le mur du son, ce qu'aucune Européenne n'avait fait avant elle. Sa carrière sera marquée par l'émulation avec sa concurrente et néanmoins amie l'Américaine Jacqueline Cochran. Les deux femmes n'auront de cesse de battre les records accomplis par l'une et l'autre.

**23 juin 1942 :** le général de Gaulle déclare : « Une fois l'ennemi chassé du territoire, tous les hommes et toutes les femmes de chez nous éliront l'Assemblée nationale. »

**24 juin 1926 :** naissance de la Suissesse **Francesca Pometta** qui est la première femme engagée au Département politique fédéral à Berne (DPF, futur DFAE, Département fédéral des affaires étrangères), en 1956, et la première ambassadrice de Suisse (1977). Durant sa carrière diplomatique, elle effectue de nombreuses missions, luttant sans relâche contre les discriminations à l'égard des femmes et se battant pour les minorités. En tant que cheffe de la mission permanente suisse auprès des Nations Unies à New York (1982-1987), c'est elle qui signe la CEDAW (Committee on the Elimination of Discrimination against Women – Convention sur l'élimination de toutes les formes de discrimination à l'égard des femmes).

**25 juin 1907:** naissance de **Madeleine Braun**, éditrice et femme politique française. Elle fait partie des premières femmes députées de l'histoire politique française. Résolument de gauche et antifasciste, elle s'engage dès 1940 dans la Résistance en zone sud et devient, en 1941, l'une des responsables du Front national – créé par le PCF – ainsi que la rédactrice, puis la directrice du journal *Patriote*. À la Libération, on lui décerne la médaille de la Résistance, la croix de chevalier de la Légion d'honneur et la croix de guerre avec palme. Le 14 juin 1946, elle est élue vice-présidente de l'Assemblée nationale constituante. À ce titre, elle est présidente de séance et dirige les débats en alternance avec les autres vice-présidents. Elle est la première femme de l'histoire de la République à occuper ce poste. Elle y est réélue à quatre reprises, entre 1946 et 1951.



**26 juin 1949:** les femmes belges votent pour la première fois dans les mêmes conditions que celles des hommes (âge, nationalité et adresse). Ce faisant, le nombre de personnes pouvant voter double. C'est le 19 février 1948 que la chambre des représentants belge adopte la loi qui donne le droit de vote aux femmes lors des élections législatives. Il n'empêche que peu de femmes sont élues. Ce 26 juin, elles sont en effet seulement six sur 212 députées et députés. C'est seulement en 1974, après une campagne en faveur des femmes, que la proportion des femmes augmente significativement puisqu'elle passe de 2,8 % à 6,6 %.

**27 juin 1894:** l'aventurière américaine **Annie Londonderry** démarre son tour du monde à vélo suite à un pari mais aussi et surtout dans une volonté féministe et pour des motifs financiers. Elle sera la première femme à réaliser cet exploit. Elle part de Boston sur sa bicyclette Columbia de 20 kg, vêtue d'une robe longue, sans un sou en poche, avec pour seules affaires quelques vêtements et un revolver. En effet, les clauses du pari stipulent qu'elle doit prouver sa capacité à se débrouiller seule à l'étranger. Bizarrement, Annie Londonderry pratique très peu la bicyclette et délaisse mari et enfants pour mener à bien cette aventure. Arrivée à New York, elle opte pour un short-culotte et une bicyclette masculine plus légère et plus facile à manier. Elle se rend alors au Havre, Paris, Marseille, Colombo, Singapour, Saïgon, Hong Kong, etc. Le 12 septembre 1895, elle gagne Chicago – et son pari – qui signe la fin de son aventure.

**27 juin 2007 :** Le Caire annonce l'identification de la momie d'**Hatchepsout**, première femme pharaon et seule femme à avoir régné sur l'Égypte antique au temps de sa splendeur. Découverte en 1903 par l'archéologue britannique Howard Carter dans une étroite tombe de 40 m², Hatchepsout, fille de Toutmosis I, règne de 1479 à 1458, sous la 18e dynastie. Elle fait ériger, entre autres, l'extraordinaire temple de Deir al Baheiri, sur la rive ouest du Nil. « Cette découverte est l'une des plus importantes de l'histoire de l'Égypte », affirme Zahi Hawass, le grand patron des antiquités égyptiennes sur le site de *Discovery Channel*.

**28 juin 1980 : Vigdís Finnbogadóttir**, femme politique islandaise, est élue présidente de son pays. Elle remporte de peu l'élection avec 33,6 % des voix face à trois candidats masculins. Vigdís Finnbogadóttir est la première femme au monde élue au suffrage universel direct à la tête d'un État constitutionnel. Elle est réélue trois fois (1984, 1988 et 1992) mais décide de ne pas se représenter en 1996. Si le rôle de la présidente de l'Islande est principalement honorifique, Vigdís Finnbogadóttir prend activement part à la promotion de son île dont elle se fait l'ambassadrice culturelle.

**29 juin 2020 :** suite aux municipales, le nombre de femmes en tête des mairies s'est considérablement accru. La France n'a jamais compté autant de mairesses qu'en 2020, même si c'est encore loin d'être paritaire. Elles sont 1000 de plus par rapport à la fin du mandat précédent. Désormais, près de 20 % des communes sont gouvernées par des femmes. Celles-ci dirigent le plus souvent les plus petites bourgades. Mais elles jouent aussi un rôle dans les communes de plus de 100 000 habitants.

**29 juin 2018 :** **Angela Ponce** est la première femme trans à être couronnée Miss Espagne. La même année, six ans après l'ouverture de la compétition aux femmes trans, Angela Ponce est la première candidate transgenre à représenter officiellement un pays lors du concours de Miss Univers. Dans une interview en 2018, elle affirme que sa participation lui permet de montrer que « les femmes trans peuvent être ce qu'elles veulent ». Angela Ponce est d'ailleurs membre d'une organisation non gouvernementale espagnole, la Fondation Daniela, dont l'objectif est de lutter contre les traumatismes auxquels peuvent faire face les personnes transgenres.

**30 juin 1966 :** à l'occasion de la troisième Conférence nationale de la Commission de la condition de la femme, **Betty Friedan**, journaliste, essayiste et féministe américaine, fonde la National Organization for Women (NOW – maintenant), un organisme féministe américain. Betty Friedan combat la société patriarcale de l'époque qui limite leur rôle à celui de femme au foyer, épouse et mère modèle. En 1963, elle sort, entre autres, un livre intitulé *The feminine mystique – La femme mystifiée*, qui traite de la frustration des femmes modernes d'être confinées dans un rôle purement domestique. Pour ce faire, elle mène nombre d'enquêtes auprès des femmes. Le livre est traduit en plusieurs langues. Cependant, le féminisme que Betty Friedan défend est plutôt modéré et ne s'inscrit nullement en opposition aux hommes, ce qui lui est d'ailleurs reproché par nombre de féministes radicales.

# JUILLET

Le mouvement pour le droit de vote féminin a commencé en Angleterre en 1903 avec la constitution des suffragettes. En mai 1914, Emmeline Pankhurst (15.07.1858 – 14.06.1928), cheffe de file du mouvement, est arrêtée manu militari devant le palais de Buckingham alors qu'elle souhaitait présenter une pétition au roi George V.

# « Je serai donc l'amie de ceux qui m'aiment telle que je suis. »

Frida Kahlo, 6 juillet 1907 – 13 juillet 1954

Artiste peintre mexicaine qui combat les diktats de la société patriarcale de l'époque. Elle est considérée de nos jours comme une icône du féminisme.

**1er juillet 1908 :** naissance de l'Américaine **Estée Lauder**, pionnière des soins de la peau. Son oncle, docteur et chimiste, fabrique des crèmes et des lotions dans son laboratoire. Estée Lauder choisit l'une d'elles et commence à la vendre à ses amies et plus tard dans les instituts de beauté, faisant la démonstration de ses produits sur les femmes présentes. En 1946, aidée de son mari Joseph Lauder, elle lance officiellement son entreprise avec quatre produits de soin de la peau. En 1948, le couple ouvre à New York sa première boutique. De nos jours, Estée Lauder est l'une des principales entreprises américaines de production et de distribution de produits de soin et de beauté.

**1er juillet 1974 : María Estela Martínez Cartas**, dite **Isabel Perón**, est élue à la tête de l'Argentine, après en avoir été la vice-présidente. Elle est la première femme élue vice-présidente et la première femme à devenir présidente de l'Argentine, mais aussi la première femme présidente d'une République de l'histoire mondiale. Elle reste au pouvoir jusqu'au 24 mars 1976.

**1er juillet 1996 :** entre en vigueur la loi fédérale sur l'égalité entre femmes et hommes en Suisse, censée notamment abolir les écarts de salaires à compétences et fonctions égales. Dans les faits, de nombreuses femmes souffrent encore de discrimination salariale au sein des entreprises privées, combattues notamment par les grèves des femmes.

**2 juillet 1979 : Susan B. Anthony**, militante américaine, défenseuse acharnée du suffrage féminin, devient la première figure féminine non allégorique à être représentée sur une pièce américaine de 1 dollar. Susan B. Anthony joue un rôle central dans la lutte pour le droit de vote des femmes aux États-Unis. Au cours de son existence, la militante féministe multiplie les actions. Elle donne des dizaines et des dizaines de conférences, elle crée en 1868 *The Revolution* – un hebdomadaire qui défend les droits des femmes et des Afro-Américains –, elle cofonde la National Woman Suffrage

Association (NSWA) en 1869 – association qui a pour objectif le droit de vote des femmes –, elle tente de voter pendant l'élection présidentielle de 1872 – elle est d'ailleurs arrêtée et condamnée pour ce coup d'éclat. Le 19e amendement de la Constitution américaine qui confère le droit de vote aux femmes est adopté en 1920, soit quatorze ans après le décès de la militante.

**3 juillet 1918 :** **Suze Groeneweg**, femme politique néerlandaise, est la première femme élue au Parlement hollandais. Elle remplit sa fonction de députée jusqu'en 1937, date à laquelle sa santé se dégrade. Féministe, pacifiste, antimilitariste, elle s'occupe essentiellement de l'éducation, des soins aux nourrissons, de la maternité et du désarmement. Elle préconise un régime de congé légal pendant la grossesse et l'accouchement. Suze Groeneweg est également la première femme officier de l'état civil dans son pays.

**4 juillet 1972 :** naissance de la Suissesse **Karin Thürig**, cycliste et première femme de l'histoire à décrocher trois médailles d'or sur route. En 2003, elle est championne du monde de poursuite sur piste. En 2004 et en 2005, elle est consacrée championne du monde du contre-la-montre en Italie. Élue « Sportive suisse de l'année 2004 », elle se consacre exclusivement au triathlon dès 2009. Elle remporte, entre autres, 5 Ironman (que l'on aimerait renommer Ironwoman pour être plus juste) !

**4 juillet 2001 :** la Loi n° 2001-588 du 4 juillet 2001 dite Loi Aubry relative à l'interruption volontaire de grossesse et à la contraception porte de 10 à 12 semaines maximum de grossesse le délai légal de l'IVG et supprime l'autorisation parentale pour les mineures. Cette loi a deux objectifs : mettre fin à la situation des 5000 femmes qui chaque année vont pratiquer une IVG à l'étranger au-delà du délai légal de dix semaines ; venir en aide aux mineures qui souhaitent avorter mais qui ne parviennent pas à obtenir le consentement de l'un de leurs parents ou du titulaire de l'autorité parentale.

**5 juillet 2005 :** **Laurence Parisot**, dirigeante d'entreprise française, est élue présidente du MEDEF (Mouvement des entreprises de France) dès le premier tour de scrutin à la majorité absolue. Elle est la première femme à obtenir ce poste. Elle est réélue en juillet 2010 pour un mandat de 3 ans.

**6 juillet 1929 :** naissance de **Hélène Carrère d'Encausse**. Historienne française, membre de l'Académie française depuis le 13 décembre 1990, elle en est élue secrétaire *perpétuel* le 21 octobre 1999. Elle est la première femme à accéder à ce poste. Cependant, elle utilise le titre non féminisé, elle est en effet opposée à la féminisation des titres et fonctions pour les femmes dans la langue française. Bertrand Louvel, premier président de la Cour de cassation, adresse une lettre à l'Académie française pour lui demander de revoir son jugement à propos de la question. Dans sa réponse officielle, Hélène Carrère d'Encausse annonce pour la première fois l'intention de l'Académie de se pencher sur les règles de féminisation, au regard de l'évolution des usages.

**6 juillet 1907 :** naissance de **Frida Kahlo**, artiste peintre mexicaine. L'art est son arme pour dénoncer la société patriarcale mexicaine de l'époque. Dans ses peintures, elle évoque des sujets tabous comme la sexualité – Frida Kahlo est bisexuelle et a avec son mari une relation libre et non exclusive –, les fausses couches ou encore la pilosité. Elle s'y représente sans faux-semblant, telle qu'elle est avec son corps malade, sa jambe boiteuse et sa pilosité assumée. Elle refuse de s'embellir pour plaire aux diktats de la société. Elle est considérée de nos jours comme une icône du féminisme.

**7 juillet 1861 :** naissance de **Nettie Stevens**, généticienne américaine. Elle grandit dans une famille qui pousse ses enfants à étudier. Institutrice puis bibliothécaire, elle entame des études universitaires en biologie. Elle obtient son diplôme en 1900 et décroche le doctorat trois ans plus tard. En 1905, les études de la scientifique sur les coléoptères lui font faire l'une des grandes découvertes biologiques du début du

XXe siècle : elle identifie le chromosome Y et va comprendre que le sexe de chaque individu est déterminé par des caractères chromosomiques. Cependant, de nombreux scientifiques refusent de reconnaître l'importance de cette découverte. Il faut attendre que le scientifique Wilson – un homme – mène ses propres recherches pour confirmer, la même année, le rôle du chromosome Y.

**8 juillet 1948 : Esther McGowin Blake** devient la première femme à exercer dans l'United States Air Force, la force militaire aérienne des États-Unis. Elle n'est pas là pour faire tapisserie. La dame sait ce qu'elle veut et elle y parviendra ! Le 8 juillet 1948, les femmes sont enfin autorisées à entrer dans l'armée de l'air américaine. Sûrement motivée par la volonté de servir son pays mais aussi par un désir de vengeance – l'avion de son fils, pilote, est abattu pendant la Seconde Guerre mondiale –, elle s'inscrit dès la première heure d'ouverture du bureau ! Esther McGowin Blake sert dans l'US Air Force jusqu'en 1954.

**9 juillet 1904 :** décès de **Martha Coston**, inventrice et femme d'affaires américaine. Elle est notamment connue pour avoir créé les *Night Signals*, un type de fusée de signaux qui permet d'envoyer un appel à l'aide en pleine mer, invention d'ailleurs encore utilisée par l'US Navy. Martha Coston reçoit le brevet pour ses *Night Signals* le 5 avril 1859. La Marine américaine lui verse alors 20000 $ pour les droits et elle utilise ses *Night Signals* pour élaborer un système de communication qui permettra de sauver de nombreuses vies et de gagner des batailles pendant la guerre civile. Certains historiens vont même jusqu'à dire que les fusées éclairantes de Martha Coston ont été d'une grande aide à l'Union pour gagner la guerre de Sécession.

**10 juillet 1948 :** naissance de **Christine Caron**, nageuse française et spécialiste de la nage sur le dos. Elle est la porte-drapeau de la délégation française aux Jeux olympiques de 1968, première femme à avoir l'honneur d'effectuer cette mission. Dans sa carrière, elle décroche 29 fois le titre de championne de France et bat à treize reprises le record d'Europe du

100 mètres dos. Elle termine malheureusement à la deuxième place dans la même compétition aux Jeux de Tokyo en 1964.

**10 juillet 1877 :** naissance d'**Hélène Dutrieu**, aviatrice belge. Elle se consacre d'abord au cyclisme et se révèle très douée. Parmi ses nombreuses victoires, elle remporte le championnat du monde, catégorie dames, en 1895. Deux ans plus tard, à Ostende, elle remporte aussi le championnat du monde de vitesse sur piste. À 31 ans, elle se prend de passion pour l'aviation et devient la première aviatrice belge. Les débuts sont assez catastrophiques puisqu'elle s'écrase au sol et détruit l'avion. Ce qui suit n'est guère mieux mais elle ne lâche pas. Le 3 septembre, elle décolle de la plage de Blankenberge avec son tout premier passager qui n'est autre que son mécanicien. Elle vole un moment avant de revenir se poser au sol. Sans le savoir, elle vient de réussir plusieurs grandes premières et d'entrer dans l'histoire de l'aviation. Hormis le fait d'être la première aviatrice belge, Hélène Dutrieu est la première femme au monde à avoir exécuté un vol au-dessus de la campagne, la première femme à effectuer un aller-retour, ville à ville sans escale, et la première femme ayant effectué un vol avec un passager. L'Aéro-Club de Belgique décide alors de lui décerner son brevet de pilote. Elle devient la deuxième femme au monde à l'obtenir.

**11 juillet 1900 :** **Charlotte Reinagle Cooper**, joueuse de tennis américaine, remporte le simple dames des Jeux olympiques de Paris et devient la première femme à s'emparer de l'or olympique dans une épreuve individuelle. Elle commence le tennis très jeune et elle gagne son premier titre à 23 ans, en 1893. En 1895, elle remporte le premier de ses cinq titres en simple à Wimbledon. Mariée et mère de deux enfants, elle met sa carrière de côté pendant quelques années puis à son retour, elle triomphe une nouvelle fois – la dernière – à Wimbledon en 1908. Elle a 37 ans et 282 jours ! Elle reste à ce jour la gagnante la plus âgée du tournoi britannique.

**12 juillet 1969 :** naissance de **Anne-Sophie Pic**, cheffe cuisinière française. Elle est la seule femme cheffe française à détenir trois étoiles au Guide Michelin à partir de 2007 et totalise, pour ses restaurants, 8 étoiles Michelin, ce qui en fait la femme cheffe la plus étoilée au monde. Chez les Pic, la cuisine, c'est de famille. Tout commence avec Sophie, son arrière-grand-mère, qui ouvre son restaurant en Ardèche. Son grand-père obtient trois étoiles au célèbre guide en 1934. Son père reprend le flambeau et, en 1997, Anne-Sophie Pic accède à la tête des cuisines familiales, elle qui ne se destinait pas du tout à ce métier, à l'origine. Dix ans plus tard, elle est récompensée de la troisième étoile. Elle transforme l'entreprise familiale en véritable groupe qui, en 2018, réalise un chiffre d'affaires de 20 millions d'euros et emploie 300 personnes.

**12 juillet 2006 :** **Anne-Marie Idrac**, cheffe d'entreprise et femme politique française qui a exercé des fonctions ministérielles, est nommée à la tête de la SNCF (Société nationale des chemins de fer français). Elle devient ainsi la première femme à occuper ce poste et la première vice-présidente de l'UIC (Union internationale des chemins de fer).

**12 juillet 1912 :** naissance de **Aoua Kéita**, sage-femme malienne et militante anticoloniale. Née à Bamako, elle est destinée à être mère au foyer mais son père l'inscrit au sein de la première école pour filles de la ville en 1923. Puis elle suit des études de sage-femme à Dakar et en sort diplômée en 1931. Elle devient ainsi la première sage-femme de l'actuel Mali et l'une des premières d'Afrique francophone. En 1959, Aoua Kéita est élue députée, ce qui fait d'elle la première femme d'Afrique francophone à l'Assemblée législative de son pays. Elle n'a de cesse de militer pour l'amélioration des conditions de vie des femmes africaines (elle crée un syndicat féminin et contribue à la rédaction et à la promulgation, en 1962, d'un Code du Mariage et de la Tutelle du Mali, qui donne de nouveaux droits aux femmes). En 1975, Aoua Kéita sort un livre : *Femme d'Afrique, la vie d'Aoua Kéita racontée par elle-même* aux éditions Présence africaine. Grâce à cet ouvrage, l'infatigable militante obtient le grand prix littéraire d'Afrique noire l'année suivante.

Marthe Condat qui a plusieurs «premières» à son actif.

# Marthe Condat

19 juillet 1886 – 24 octobre 1939

Marthe Condat est une femme médecin française. Elle réussit le concours d'externat et entre en fonction le 15 mai 1908. Elle va être interne des hôpitaux de Paris du 1er mai 1910 au 1er mai 1914, elle se spécialise alors en médecine des enfants. Pendant la Seconde Guerre mondiale, elle assure bénévolement le service des médecins partis sur le front. Elle prend en main la gestion de l'hôpital des enfants et ne s'octroie aucun repos pendant ces cinq années ! En parallèle, elle soutient sa thèse de doctorat avec succès en 1916. Le 19 juin 1923, elle devient la première femme agrégée de médecine en France.

**13 juillet 1965 :** la Loi n° 65-570 du 13 juillet 1965 portant réforme des régimes matrimoniaux est une loi qui est considérée comme fondamentale dans l'émancipation juridique des femmes françaises puisqu'elle leur donne le droit d'ouvrir un compte en banque et celui de travailler sans l'autorisation de leur mari. Elles ont désormais le droit et la possibilité de gérer elles-mêmes leurs biens propres. Mais dans la mesure où l'homme reste le chef de famille et conserve seul l'autorité sur les enfants, cette loi est jugée incomplète par les féministes. Celle-ci entre en vigueur le 1er février 1966.

**13 juillet 1972 :** la Loi du 13 juillet 1972 permet aux femmes de choisir la carrière de gendarme. Il faut attendre un décret de 1983 pour qu'elles soient autorisées à accéder aux corps des officiers et sous-officiers de gendarmerie. Aujourd'hui, on compte plus de 22 000 femmes en gendarmerie et elles investissent l'ensemble des fonctions et des spécialités, opérationnelles ou de soutien.

**14 juillet 1971 :** pour la première fois, des femmes militaires participent à la parade sur les Champs-Élysées. Issues du corps de la Marine et surnommées les « marinettes », elles représentent les 8000 femmes de l'armée française de l'époque. En 2015, elles sont 31 424 et représentent 15,5 % des effectifs de l'armée française.

**15 juillet 1858 :** naissance d'**Emmeline Pankhurst**, femme politique et féministe britannique. Elle est pionnière dans la lutte des droits des femmes et reconnue comme figure de proue du mouvement des suffragettes puisqu'elle crée, en 1903, le Women's Social and Political Union (WSPU), une organisation qui revendique le droit de vote des femmes au Royaume-Uni. Emmeline Pankhurst choisit un féminisme de provocation. Elle est par exemple arrêtée manu militari en mai 1914 devant Buckingham Palace alors qu'elle souhaite présenter une pétition au roi George V. Son combat acharné avec les suffragettes a indéniablement contribué à l'obtention du droit de vote des femmes, en Angleterre, à partir de 21 ans, le 2 juillet 1928, soit... un mois après son décès.

**16 juillet 2020: Claire Landais**, diplômée d'une grande école de commerce puis de Sciences-Po Paris, est nommée secrétaire générale du gouvernement français, ce qui fait d'elle la numéro 3 de Matignon – après le chef du gouvernement et son directeur de cabinet. Elle est la première femme à occuper une telle fonction.

**17 juillet 1980:** la Loi n° 80-545 du 17 juillet 1980 portant diverses dispositions en vue d'améliorer la situation des familles nombreuses prolonge le congé maternité à 16 semaines. Depuis 1946, il était de 14 semaines. De plus, cette loi interdit à tout employeur de licencier une femme enceinte ou en congé maternité.



**18 juillet 1976:** la Roumaine **Nadia Comaneci** devient la première personne dans l'histoire des Jeux olympiques à obtenir la note parfaite de 10 en gymnastique. Elle réalise cet exploit à Montréal à l'âge de 14 ans et 8 mois grâce à son enchaînement aux barres asymétriques. Elle est la plus jeune gymnaste à remporter ce titre. Au cours de ces Jeux, elle rafle plusieurs médailles et reçoit cette année-là nombre de récompenses: meilleure athlète de l'année pour l'Associated Press et United Press International ainsi que le titre de Héros du travail socialiste, devenant ainsi la plus jeune Roumaine à obtenir cette reconnaissance durant le règne de Nicolae Ceaucescu. Ses rapports avec ce dernier se dégradent et elle finit par s'installer aux États-Unis. Dans un livre sorti en 2021 *Nadia et la Securitate*, l'historien Stejarel Olaru fait part des nombreux sévices subis à l'époque par Nadia Comaneci lors de ses entraînements.

**19 juillet 1886:** naissance de **Marthe Condat**, femme médecin française. Elle réussit le concours d'externat et entre en fonction le 15 mai 1908. Marthe Condat va être interne des hôpitaux de Paris du 1er mai 1910 au 1er mai 1914. En 1923, elle devient la première femme agrégée de médecine en France et en 1932, la première femme titulaire d'une chaire de médecine – à la faculté de médecine et de pharmacie de Toulouse. Spécialisée en thérapeutique et en pédiatrie, saluée par le monde médical, elle publie nombre d'articles sur ces sujets. Ses connaissances n'ont d'égal que son humanisme. Pendant la Première Guerre mondiale, elle officie bénévolement à l'hôpital des enfants malades afin de remédier à l'absence de personnel masculin due à la mobilisation. Sa brillante réussite fait naître des vocations chez les jeunes filles qui gagnent les rangs des facultés de médecine.

**20 juillet 1989 :** décès de **Marie-Madeleine Fourcade**, résistante française. Elle est, pendant la Seconde Guerre mondiale en France, la responsable de L'Alliance, l'un des plus importants réseaux de résistance ayant agi pour les Britanniques, également connu sous le sobriquet d'Arche de Noé, à cause des pseudonymes animaliers choisis pour ses membres. Après la Libération, Poz 55, le nom de code de Marie-Madeleine Fourcade, se consacre à la recherche de ses compagnons déportés et fonde l'Amicale du réseau Alliance. Une place et une rue à Paris portent son nom et rendent hommage à celle qui est décédée à l'âge de 79 ans.

**21 juillet 1960 : Sirimavo Bandaranaike**, âgée de 44 ans, devient Première ministre du Sri Lanka. C'est la première femme à être élue démocratiquement à la tête d'un gouvernement et la seule jusqu'à l'élection d'Indira Gandhi comme Première ministre de l'Inde en 1966.

**22 juillet 1992 :** la Loi n° 92-684 du 22 juillet 1992 portant réforme des dispositions du Code pénal relatives à la répression des crimes et des délits contre les personnes introduit la notion de « harcèlement sexuel ».

**23 juillet 1976 :** naissance de **Judit Polgar**, joueuse d'échecs hongroise. Début 1992, on lui décerne le titre de grand maître international et elle devient la plus jeune personne à obtenir ce titre. Elle a alors 15 ans et 5 mois et bat le record de précocité détenu par Bobby Fisher depuis 1958 (il avait 15 ans et 6 mois). Celle qui a été entraînée très jeune par son père est surnommée « La Reine des Échecs », du fait de son haut niveau de jeu. D'ailleurs, elle ne participe plus aux compétitions réservées aux femmes mais affronte directement l'élite masculine de la discipline. Elle bat, entre autres, en match exhibition, l'ancien champion du monde de 1969 Boris Spassky en février 1993.

**24 juillet 1892 :** naissance d'**Alice Augusta Ball**, chimiste américaine connue pour avoir développé l'un des traitements les plus efficaces contre la lèpre en 1915, qu'on a appelé la méthode de Ball. Alice Augusta Ball obtient son diplôme en 1910 à la Seattle High School puis elle part étudier la chimie à l'Université de Washington où elle passe brillamment le diplôme de chimie pharmaceutique et celui de pharmacie. En 1915, elle y décroche une maîtrise en chimie. Elle est la première femme ainsi que la première personne afro-américaine à être diplômée de cette université. Elle meurt extrêmement jeune, à l'âge de 24 ans, probablement de tuberculose.

**25 juillet 1920 :** naissance de **Rosalind Franklin**, chimiste, biologiste moléculaire et cristallographe – la cristallographie est la science qui se consacre à l'étude des cristaux à l'échelle atomique. En 1951, elle intègre le King's College de Londres. En 1953, Rosalind Franklin et Raymond Gosling découvrent les deux conformations de la molécule d'ADN. Ils réalisent des clichés qui permettent d'identifier la structure à double hélice. La chercheuse est la première personne à formuler, dans un rapport non publié, la structure hélicoïdale de l'ADN. En mars 1953, Rosalind Franklin quitte le King's College. Ses travaux sur l'ADN sont aboutis, mais ils doivent rester au sein de l'établissement, sur ordre du directeur. Ils seront utilisés à son insu et Rosalind Franklin sera ainsi dépossédée de sa découverte. Sa reconnaissance est très récente, mais mieux vaut tard que jamais.

**26 juillet 2024 :** les Jeux de Paris 2024 seront les premiers Jeux à afficher une stricte parité entre les femmes et les hommes, parmi les 10500 athlètes qualifiées et qualifiés. C'est à Paris, en 1900, que les Jeux olympiques s'ouvrent pour la première fois à la participation des femmes mais uniquement pour certains sports dont le tennis, la voile, le golf, le croquet et l'équitation. Elles étaient à l'époque 22 pour 975 athlètes hommes, soit 2 %.

**27 juillet 1740 :** naissance de **Jeanne Barret**, exploratrice et botaniste française considérée comme la première femme à avoir fait le tour du monde. Née dans une famille pauvre, elle entre au service du naturaliste Philibert Commerson au début des années 1760, en devenant sa gouvernante. Ils entament rapidement une relation amoureuse. En 1765, on invite l'homme, en sa qualité de botaniste, à se joindre à l'expédition autour du monde de l'explorateur Bougainville. Commerson souhaite la présence de Jeanne Barret avec lui mais à l'époque, les femmes n'ont pas le droit d'embarquer. Problème réglé : Jeanne devient Jean et, déguisée en homme, rejoint l'expédition en tant que valet de Commerson. L'équipage quitte la terre ferme en décembre 1766. Commerson étant malade, Jeanne Barret l'assiste dans ses travaux. L'homme est impressionné devant le travail qu'elle abat. Bougainville déclare dans ses écrits que Jeanne Barret est démasquée dans le courant de l'année 1768. Le couple débarque à l'île Maurice en 1769. Commerson rend l'âme en 1773 et Jeanne rentre en France en 1775 où elle meurt trente-deux ans plus tard.

**28 juillet 1960 :** la France ratifie la résolution 317 du 2 décembre 1949 des Nations Unies concernant la répression de la traite des êtres humains et de l'exploitation de la prostitution. Dans ce cadre abolitionniste, la prostitution est une activité licite et informelle. Seuls les troubles qu'elle peut causer à l'ordre public par le racolage et le proxénétisme sont condamnables par la loi.

**29 juillet 2020 :** le ministre de la Santé français Olivier Véran annonce avoir saisi les autorités sanitaires pour instruire la demande d'associations et de parlementaires de reconnaître l'endométriose comme une affection de longue durée. Si cette démarche aboutit, elle pourrait déboucher sur de nouvelles aides financières pour les femmes souffrant de cette maladie encore mal connue.

**30 juillet 1946 :** l'arrêté du 30 juillet 1946 supprime l'abattement légal que subissent les salaires des femmes du fait… qu'elles sont des femmes. C'est la loi du 11 février 1950 qui oblige à inscrire le principe « à travail égal, salaire égal » et efface la notion de « salaire féminin ». À la fin des années 2010, les femmes gagnent en moyenne 23 % de moins que les hommes. À temps de travail équivalent, elles touchent pourtant 16,8 % de moins qu'eux ; et plus on s'élève sur l'échelle des salaires, plus les écarts entre les femmes et les hommes se creusent.



**31 juillet 1972 :** décès d'**Henriette Mazot**, première femme française interne en pharmacie. Elle est reçue en 1897, première année durant laquelle les femmes sont autorisées à passer le concours. Elle est lauréate en 1899 du prix de l'École supérieure de pharmacie de Paris.

# AOÛT

Lily Laskine (31.08.1893 – 4.01.1988) est une harpiste française. Elle est la première instrumentiste à intégrer l'Orchestre de l'Opéra de Paris. On la voit ici avec le célèbre compositeur Maurice Ravel en 1935.

«Il y a encore plus inconnu que le soldat inconnu, c'est sa femme».

Inscription affichée sur les banderoles de neuf militantes féministes du MLF (Mouvement de libération des femmes) qui déposent, le 26 août 1970, une gerbe sous l'Arc de triomphe pour la femme du soldat inconnu.

**1er août 1997:** décès d'**Isabelle Plancke**, nageuse française. Elle est la sœur de Yolande Plancke, athlète et sprinteuse qui a participé aux Jeux olympiques de 1928. Isabelle Plancke commence la natation vers l'âge de 12 ans dans le club parisien «Les mouettes» et participe régulièrement à la traversée de Paris à la nage. Elle échoue aux qualifications des Jeux olympiques de 1928. En 1929, elle est la première femme à passer avec succès le brevet de maître-nageuse – avec mention –, décerné par la Fédération française de natation et de sauvetage, et officie à partir de là en tant que professeure de natation à la piscine des Dauphins de la ville d'Aix-en-Provence.

**1er août 1910:** naissance de **Gerda Taro**, militante antifasciste et pionnière du photojournalisme de guerre. Très jeune, elle est emprisonnée par les nazis pour avoir distribué des tracts. En 1933, elle s'exile à Paris où elle rencontre le photographe Robert Capa. Puis elle part sur le front espagnol où elle meurt à 26 ans, en première ligne avec les soldats républicains, ce qui fait d'elle la première photographe de presse décédée dans l'exercice de ses fonctions. Le 1er août 1937, des milliers de personnes assistent à ses obsèques au Père-Lachaise.

**1er août 2004: Lilian Bryner**, pilote automobile suisse de compétitions sur circuits pour voitures de Tourisme et de Grand Tourisme, remporte les 24 heures de Spa et devient ainsi la première femme à gagner la mythique course belge. C'est elle qui passe le drapeau au volant d'une Ferrari 550 Maranello de la BMS Scuderia Italia, qu'elle partage avec Fabrizio Gollin, Luca Cappellari et Enzo Calderaro.

**2 août 1914:** lorsque la Première Guerre mondiale éclate, la Française **Nicole Girard-Mangin**, médecin, se porte volontaire pour exercer à Verdun. Mobilisée suite à une erreur administrative, elle est l'unique femme affectée au front. Nicole Girard-Mangin entame des études de médecine en 1896 et est admise à l'externat des hôpitaux de Paris en 1899. Elle se marie et abandonne la médecine. Elle divorce en 1903 et reprend ses études. En 1909, elle soutient sa thèse sur les poisons cancéreux, mais oriente ensuite ses recherches vers le fléau de l'époque, la tuberculose. Elle devient spécialiste de cette maladie et rédige un *Guide antituberculeux*. En 1914, Nicole Girard-Mangin dirige le dispensaire antituberculeux de l'hôpital de Beaujon de Paris. Pendant la Première Guerre mondiale, son courage fait sa renommée. Malgré ses propres blessures, elle opère les blessés derrière les lignes et parcourt le champ de bataille en camionnette avec un brancardier et un infirmier afin de prodiguer les premiers soins. En décembre 1916, malgré les réticences de l'administration militaire, elle est nommée médecin-major. Après la guerre, elle s'investit au sein de la Croix Rouge et donne des conférences sur le rôle des femmes durant la Grande Guerre. Elle milite également dans une association féministe. Elle ne recevra ni citation, ni décoration.

**3 août 1954 :** décès de **Colette**, femme de lettres française. Elle est l'une des plus célèbres romancières au monde. Ne se revendiquant pas féministe, elle se veut tout de même une femme libre. Elle assume et revendique d'ailleurs sa bisexualité. En 1945, Colette est la deuxième femme élue membre de l'Académie Goncourt, dont elle est présidente entre 1949 et 1954. Elle est aussi la deuxième femme à recevoir des funérailles nationales en France.

**4 août 1961 :** naissance de **Béatrice Vialle**, aviatrice française, qui est l'une des deux femmes au monde – avec la Britannique Barbara Harmer –, à avoir été pilotes de Concorde et première femme française aux commandes d'un avion de ligne supersonique. Béatrice Vialle entre à Air France en 1985. Pendant quinze ans, elle pilote des Boeing 727, des Boeing 747 et des Airbus A 320. En 2000, on lui propose d'accéder au pilotage du Concorde. Son premier vol sur cet avion a lieu le 11 septembre 2001. Durant sa carrière, la pilote cumule 15 000 heures de vol sur gros appareils et 260 heures sur Concorde.

**5 août 1888 :** **Bertha Benz**, inventrice et pionnière de l'automobile allemande, se met en route pour un périple qui lui vaudra d'être la première femme à conduire sur une si longue distance. Ce jour-là, sans le dire ni à son mari Carl Benz (fondateur de Benz & Cie) ni aux autorités, elle part au volant d'une voiture avec ses deux fils. Elle conduit de Mannheim à Pforzheim (106 km) et devient ainsi la première personne à conduire une automobile sur route dans le but de voyager. Sur le chemin, elle résout de nombreux problèmes. Débrouillarde et inventive, elle trouve du ligroine – de l'éther de pétrole – qui sert de carburant et que l'on ne trouve que chez l'apothicaire. Un forgeron l'aide à réparer une chaîne. Les freins doivent également être réparés et, ce faisant, elle invente tout bonnement les plaquettes de frein. Elle doit aussi utiliser une longue épingle à chapeau pour nettoyer les tuyaux à carburant, qui sont obstrués, et isole un câble avec une jarretière. Il fallait y penser!

**6 août 1926:** **Gertrude Ederle**, triple médaillée aux Jeux olympiques d'été de 1924, est la première femme à traverser la Manche à la nage. Elle part du cap Griz-Nez (France) vers 7h du matin. La mer est si agitée que les ferrys restent à quai mais Gertrude Ederle n'en démord pas. Fait totalement nouveau, elle se jette à l'eau avec un bikini au lieu de l'habituel maillot une pièce. Sa tentative attire du monde: journalistes et proches – qui l'implorent d'abandonner au regard des conditions climatiques – et, 14 heures 39 minutes plus tard, elle arrive à Kingsdown (Angleterre) et fait voler en éclats de près de deux heures le record de l'Argentin Sebastian Tiraboschi. Dès lors, Gertrude Ederle accède à une notoriété internationale. Sa traversée au crawl marque aussi un tournant pour cette nage, jusqu'alors privilégiée pour les distances courtes.

**7 août 1933:** naissance d'**Elinor Ostrom**, politologue et économiste américaine. En octobre 2009, elle est la première femme – et seule politologue – à recevoir le prix Nobel d'économie, avec Oliver Williamson, pour son analyse de la gouvernance économique, et en particulier des biens communs.

**8 août 2016:** la Loi El Khomri n° 2016-1088 du 8 août 2016 en France stipule qu'« aucun fonctionnaire ne doit subir d'agissement sexiste, défini comme tout agissement lié au sexe d'une personne, ayant pour objet ou pour effet de porter atteinte à sa dignité ou de créer un environnement intimidant, hostile, dégradant, humiliant ou offensant». Cette loi aligne aussi le régime de la preuve du harcèlement sexuel sur celui de la discrimination. Enfin, elle renforce les sanctions en cas de licenciement nul lié à un harcèlement sexuel, en cas de licenciement discriminatoire ou lié à un état de grossesse.

**9 août 1956 :** marche des femmes à Pretoria en Afrique du Sud. Dans un pays marqué par l'Apartheid, entre 10000 et 20000 femmes noires et indiennes manifestent pour protester contre la loi raciste sur les laissez-passer dans les zones urbaines (imposant des permis de circulation discriminatoires). La manifestation étant interdite, les femmes se rendent par petits groupes devant les Union Buildings, siège du gouvernement, et se positionnent sous la fenêtre du Premier ministre. D'abord silencieuses et avec le poing levé, elles entonnent plusieurs chansons. Une pétition forte de 14000 signatures lui est d'ailleurs remise. Peine perdue, la loi sur les laissez-passer est tout de même appliquée avant d'être abrogée, trente ans plus tard, en 1986. Le 9 août est désormais célébré comme la Journée de la Femme en Afrique du Sud.

**10 août 1927 :** la Loi du 10 août 1927 stipule qu'une Française mariée à un étranger n'est plus obligée de prendre sa nationalité. En même temps, elle stipule que, le cas échéant, les enfants seront français s'ils sont nés en France, étrangers s'ils n'y sont pas nés.

**11 août 2019 :** **Simone Biles**, gymnaste américaine de 22 ans, remporte trois épreuves du championnat des États-Unis de gymnastique et obtient la médaille de bronze aux barres asymétriques. À Kansas City (Missouri), elle réussit le premier double triple de l'histoire au sol : un double salto arrière combiné à une triple vrille. La gymnaste crée aussi une nouvelle figure inédite qu'elle appelle tout simplement par son nom de famille : Biles.

**12 août 2014 :** décès de **Lauren Bacall**, actrice américaine, icône féminine et étoile de l'âge d'or d'Hollywood. Surnommée « The look » du fait de son regard bleu, Lauren Bacall a tourné avec les plus grands réalisateurs, actrices et acteurs de son temps (Marilyn Monroe ou encore Humphrey Bogart – à qui elle a d'ailleurs été mariée entre 1945 à 1957 – pour ne citer qu'eux). À la mort de ce dernier, elle s'éloigne d'Hollywood pour les planches de Broadway (New York) mais elle continue à tourner tout de même pour les plus grands jusque dans les années 2000 – Lars von Trier ou Sidney Lumet notamment dans son fameux film *Le crime de l'Orient-Express* en 1974. Elle meurt à l'âge de 89 ans. Lauren Bacall n'est pas ce qu'on peut appeler une icône féministe, elle ne s'est jamais engagée dans la lutte ni n'a fait de déclaration sur le sujet, et a même mis entre parenthèses sa carrière lors de son mariage – ce que l'on attendait d'une femme à l'époque. Elle est tout de même considérée comme un modèle par nombre de jeunes filles de son temps mais aussi bien plus tard, par Madonna ou encore Lady Gaga, qui ne tarissent pas d'éloges à son égard.

**13 août 1910 :** décès de la Britannique **Florence Nightingale**, pionnière des soins infirmiers modernes. En janvier 1937, alors qu'une épidémie de grippe fait rage dans le sud de l'Angleterre, Florence Nigthingale s'occupe des malades de son entourage. En 1844, elle fait la rencontre du médecin américain Howe, le fondateur des premières écoles pour aveugles aux États-Unis. Elle lui demande ce qu'il penserait si une jeune fille de la haute société – comme elle – décidait de devenir infirmière. Ce dernier lui répond alors qu'elle n'a qu'à suivre ses envies. L'été 1845, elle annonce sa décision à ses parents, mais ceux-ci refusent catégoriquement. Il faut attendre 1852 pour qu'ils acceptent son choix. En 1853, elle part faire des stages dans des hôpitaux de Paris et, en avril de la même année, accepte la proposition de diriger un centre de soins à Londres. Ainsi, le 22 août 1853, elle prend la tête de l'Institute for the Care of Sick Gentlewomen (Institut pour les soins aux dames malades), qui permet aux femmes de bonne famille mais qui n'ont pas un revenu suffisant de se faire soigner correctement.

**14 août 2003 :** la Suissesse **Nicole Petignat** devient la première femme au monde à arbitrer un match de compétition masculine de l'UEFA (AIK Stockholm – Fylkir Reykjavik). Entre 2004 et 2009, elle aura même le sifflet entre les mains pour trois matchs de qualification de la Coupe de l'UEFA. Dans sa carrière, Nicole Petignat a arbitré 91 matchs en Suisse mais aussi la finale de l'Euro féminin en 2001. En 2006, elle signe un livre intitulé *La fille qui siffle les garçons.*

**15 août 1851 : Marie-Angélique Brûlon**, alors âgée de 79 ans, se voit remettre la croix de la Légion d'honneur avec le titre de chevalier par Louis-Napoléon Bonaparte, alors président de la Seconde République. Elle est le symbole d'une femme ayant combattu au cours des guerres de la Révolution. Elle est la première femme à être admise à l'Hôtel des Invalides, avec le grade de sous-lieutenant en 1804.

**16 août 2018 :** décès d'**Aretha Louise Franklin**, chanteuse, pianiste et autrice-compositrice américaine de soul, jazz, gospel et rhythm and blues. Surnommée « The Queen Of Soul », elle est un modèle pour des générations de femmes. On compte parmi ses plus grandes chansons féministes : *Think*, *Respect* et *Do Right Man, Do Right Woman.*

**16 août 1958 :** naissance de **Madonna**, artiste américaine. Connue à l'international, elle est l'une des quatre artistes – et la seule femme – à avoir vendu plus de 300 millions de disques à travers le monde. Les autres sont Mickael Jackson, les Beatles et Elvis Presley. On ne compte plus les tubes de Madonna, parmi lesquels *La isla bonita*, *Papa don't preach* ou encore *Like a Virgin*. Madonna est la reine des provocatrices, n'hésitant pas à arborer des tenues suggestives et à mêler sexe et religion. Pour l'anecdote, Madonna a été choriste et danseuse sur le morceau *Born to be alive* de Patrick Hernandez. La fortune de la chanteuse, qui a réussi à traverser les époques, est estimée à quelque 580 millions de dollars. Une ascension digne du rêve américain, puisque Madonna est arrivée à New York avec seulement 40 euros en poche…

Julie-Victoire Daubié est la première femme à obtenir le baccalauréat à Lyon le 17 août 1861.

# Julie-Victoire Daubié

26 mars 1824 – 26 août 1874

Julie-Victoire Daubié est une journaliste française et une fervente militante des droits des femmes. Elle devient la première femme à obtenir le baccalauréat le 17 août 1861. On raye même la mention « Sieur » qu'on remplace par « Mademoiselle ». Dans *Le Constitutionnel* – quotidien politique français fondé en octobre 1815 –, en date du 24 août 1861, on peut lire : « La Faculté des lettres de Lyon vient de terminer sa session des examens du baccalauréat. Parmi tous les candidats, il en était un surtout qui, plus que tous les autres, attirait l'attention et l'intérêt du public et de la Faculté ; c'était une femme, Mlle Daubié, institutrice à Paris, qui se présentait courageusement devant la Faculté des lettres de Lyon, pour conquérir un grade, dont l'usage et les préjugés semblaient avoir, jusqu'à présent, réservé aux hommes seuls les avantages et les honneurs. » Julie-Victoire Daubié souhaitait marquer les esprits dans une société remplie de contradictions. En effet, les filles doivent se rendre à l'école primaire obligatoire pour toutes et tous mais l'accès à l'enseignement supérieur leur est interdit. Que dire alors d'un suffrage « universel » qui exclut les femmes ? Le 28 octobre 1871, à une époque où les cours à la Sorbonne ne sont donc pas encore ouverts aux femmes, elle devient aussi la première licenciée ès lettres.

**17 août 1861 :** **Julie-Victoire Daubié**, journaliste française et militante des droits des femmes, devient la première femme à obtenir le baccalauréat à Lyon. Le 28 octobre 1871, à une époque où les cours à la Sorbonne ne sont pas encore autorisés aux femmes, elle devient aussi la première licenciée ès lettres. Six mois plus tard, même si le *e* de « licenciée » n'apparaît pas, elle reçoit son diplôme établi au nom de Mademoiselle Daubié. Le ministre Jules Simon a rayé de sa main la mention « Sieur » qu'il a remplacée par « Mademoiselle » et lui fait parvenir une lettre dans laquelle il lui présente ses félicitations.

**18 août 1900 :** naissance de **Vijaya Lakshmi Nehru Pandit**, femme politique et diplomate indienne. En 1937, elle est nommée au poste de ministre du Gouvernement local et de la Santé publique, ce qui fait d'elle la première femme ministre de l'Inde britannique. Entre 1946 et 1968, durant sa carrière diplomatique, elle dirige la délégation indienne aux Nations Unies et assure même la présidence de cette assemblée en 1953. Elle est la première femme à une telle fonction de présidence.

**19 août 1883 :** naissance de **Gabrielle Chanel**, grande couturière, créatrice de mode française et figure du féminisme. Elle occupe une place de choix dans la libération de la femme à laquelle elle participe activement. Coco Chanel ose, surtout pour elle-même. Elle se met à créer des chapeaux ou encore des polos et autres pantalons afin d'assister aux courses de chevaux. Aidée par ses « hommes », elle ouvre une boutique à Paris dans laquelle elle propose des chapeaux sans plumes ni froufrous. Cela peut paraître anodin mais c'est une révolution à l'époque ! Puis elle ouvre une boutique à Deauville, une autre à Biarritz. Le succès est tel qu'elle s'installe Place Vendôme à Paris ! Hormis sa réussite personnelle dans un milieu masculin, on peut même dire qu'elle est l'instigatrice, n'ayons pas peur des mots, d'une véritable révolution vestimentaire. Elle raccourcit les jupes, lance la mode des cheveux courts, supprime le corset qui enferme les femmes et surtout… elle porte des pantalons, vêtements réservés aux hommes et même interdits aux femmes! Celles-ci remercient la grande créatrice car c'est grâce à elle qu'elles ont pu commencer à s'habiller comme bon leur semble. La maison Chanel est de nos jours considérée comme LA marque d'élégance et de luxe à la française.

**20 août 1996:** décès d'**Yvette Brillon**, une créatrice de mode québécoise considérée comme la plus grande chapelière de l'histoire au Canada. En 1933, elle ouvre sa boutique à Montréal où elle emploie jusqu'à 65 ouvrières. Habituellement, les entreprises dirigées par des femmes à l'époque ne comptent pas plus de 7 employées, aussi, son entreprise est l'une des plus prestigieuses affaires gérée par une femme en Amérique. Elle ouvre également un salon de mode qui connaît un grand succès. Malheureusement, les changements de goûts lui font fermer boutique en 1966.

**21 août 1982:** naissance de **Corinne Rey** dite **Coco**, caricaturiste française. Elle dessine entre autres dans le magazine musical *Les Inrocks* et à partir de 2008 pour le journal satirique *Charlie Hebdo*. La dessinatrice est d'ailleurs une rescapée de l'attaque terroriste de 2015. C'est dans un communiqué en date du 8 mars 2021 que le journal *Libération* annonce sa collaboration avec la dessinatrice qui succède au dessinateur Willem. Elle est la première femme caricaturiste attitrée du journal créé il y a près de 80 ans.

**22 août 1882:** naissance d'**Élisa Deroche**, plus connue sous le pseudonyme de **Baronne Raymonde de Laroche**, aviatrice française. Elle débute ses cours de pilotage au camp de Chalons en 1909. C'est pendant le meeting d'Héliopolis en Égypte du 6 au 13 février 1910 que l'Aéro-club de France valide son brevet de pilote, qui lui est délivré le 8 mars. Elle est la première femme au monde à obtenir le brevet de pilote. Dès lors, pour son plaisir personnel mais aussi pour clouer le bec à ses détracteurs masculins, elle défie le ciel moult fois. Le 19 juin 1910, la Baronne Raymonde de

Laroche établit un record de distance féminin avec un vol de 21 km. En juillet 1910, elle est, avec Louis Blériot, l'invitée de la Grande semaine de l'aviation de Champagne à Reims. Malheureusement, son avion percute un poteau télégraphique et occasionne 18 fractures à la pilote, ce qui ne l'empêche pas de voler à nouveau plus tard. Le 18 juillet 1919, elle s'écrase lors d'un vol d'entraînement et perd la vie.

**23 août:** fête de **Rose de Lima**, première sainte du nouveau monde – elle est célébrée le 30 août au Pérou. Née en 1586, elle est canonisée par le pape Clément X le 2 avril 1671. Sans apprendre, elle sait lire à l'âge de 4 ans et décide très vite de vouer sa vie à Dieu. Pour ce faire, elle s'isole tout au fond du jardin de ses parents. Elle jeûne, refuse la viande et les fruits, se nourrissant exclusivement de pain et d'eau. Elle dort pendant 16 ans sur un lit qu'elle a confectionné avec des planches de bois et de la vaisselle cassée… Prières et mortifications seront son lot quotidien jusqu'à sa mort, le 24 août 1617, à l'âge de 31 ans. En même temps, elle vient en aide aux Indiens, aux malades, aux infirmes ou encore aux personnes âgées dans le besoin.

**24 août 1949:** naissance d'**Anna Fisher**, première femme américaine à avoir participé à une mission de la NASA et première maman à être allée dans l'espace. En janvier 1978, Anna Fisher est choisie comme candidate astronaute. Elle termine sa formation en août 1979 et effectue sa première sortie dans l'espace en novembre 1984 à bord de la navette Discovery, au cours de la mission STS-51-A. L'objectif était de déployer deux satellites et d'en récupérer deux autres.

**25 août 1845:** naissance de **Judith Gautier**, femme de lettres française et fille du célèbre écrivain Théophile Gautier. Ce dernier reçoit souvent chez lui Baudelaire, Flaubert ou encore Edmond de Goncourt – fondateur de l'Académie du même nom –, Judith Gautier baigne donc dans un univers littéraire très jeune. Elle fascine d'ailleurs nombre d'écrivains parmi les plus célèbres de l'époque. Son succès éclate avec la publication de ses deux premiers romans, *Le Dragon impérial* (1869) et *L'Usurpateur* (1875). En octobre 1910, Judith Gautier devient la première femme à entrer à l'Académie Goncourt. C'est aussi en 1910 qu'elle devient chevalière de la Légion d'honneur, par décret du 29 décembre 1910.

**26 août 1970 :** neuf militantes féministes (dont Monique Wittig, Christine Delphy, Christiane Rochefort et Anne Zelensky-Tristan) du MLF (Mouvement de libération des femmes) déposent une gerbe sous l'Arc de triomphe pour la femme du soldat inconnu. Sur une de leurs banderoles est inscrit : « Il y a encore plus inconnu que le soldat inconnu, c'est sa femme ».

**27 août 1968 :** naissance de **Taru Rinne**, pilote de moto finlandaise et première femme à marquer des points en Championnat du monde lors du Grand Prix du Castellet en 1988. Elle termine la course à la 14$^{e}$ place de la catégorie 125 cm$^{3}$.

**28 août 2012 :** 15 célébrités françaises, dont Antoine de Caunes, Laure Adler et Agnès Soral, sont sollicitées par le journal *L'Humanité* pour apporter leur soutien au groupe féministe de musique punk russe Pussy Riot, dont les membres ont été condamnées à 2 ans de prison pour « hooliganisme » et « incitation à la haine religieuse » après avoir chanté une « prière punk anti-Poutine » dans la cathédrale du Christ-Sauveur de Moscou.

**29 août 1962 :** naissance de **Jutta Kleinschmidt**, pilote automobile allemande. Passionnée de mécanique et de moto, elle s'inscrit à la célèbre course rallye Paris-Dakar pour la première fois en 1988. En 1995, après plusieurs participations à moto, elle décide de tenter l'aventure en automobile. En 1997, elle devient la première femme à gagner une étape du Paris-Dakar. Deux ans plus tard, elle se classe deuxième au classement général. Le 21 janvier 2001, la pilote allemande remporte le fameux rallye. Elle reste encore à ce jour la seule femme à l'avoir fait. Jutta Kleinschmidt participe 17 fois en tout au rallye et termine à 6 reprises dans le top 5 !

**30 août 1846 :** naissance de **Marie-Rose Astié de Valsayre**, musicienne et compositrice. C'est à partir de 1880 qu'elle se fait connaître avec divers coups d'éclat féministes. Elle est connue pour revendiquer le droit de se battre en duel pour laver son honneur, comme les hommes. D'ailleurs, en 1886, sur le champ de bataille de Waterloo, elle bat une Américaine en combat singulier à l'épée pour défendre l'honneur des femmes médecins françaises jugées inférieures par son adversaire. Marie-Rose Astié de Valsayre est la première femme à tenter d'abroger l'ordonnance de 1800 qui interdit aux femmes de porter un pantalon sans autorisation du Préfet de Police. Le 1er juillet 1887, elle adresse donc une pétition aux députés et à la Préfecture de Police. Cette pétition intervient après l'incendie de l'Opéra-Comique durant lequel nombre de femmes ont péri, gênées par leurs vêtements. D'autres raisons expliquent cette pétition : 1) permettre aux femmes d'accéder à certains métiers qu'elles ne peuvent pas exercer du fait de leur tenue inappropriée 2) permettre tout simplement leur liberté de mouvements. Les revendications de la militante sont : égalité des salaires, accès pour les femmes à toutes les études et professions, et droit de vote féminin.

**31 août 1893 :** naissance de **Lily Laskine**, harpiste française. Elle est la première instrumentiste à intégrer l'Orchestre de l'Opéra de Paris, elle a alors 16 ans. Née dans une famille mélomane, jouant plus de six heures de harpe par jour, le nom de scène de la jeune femme d'origine russe est « Aimée Emilie Laskine ». Elle prête ses services pour des musiques de films, des disques de variétés ou encore pour la Comédie Française. Entre 1948 et 1958, elle dispense aussi des cours de harpe.

# SEPTEMBRE

Le 21 mars 1920, au stade Elisabeth à Paris, un match de football entre En Avant et Fémina Sport, deux équipes féminines. Le premier match officiel de football féminin se dispute en France le 30 septembre 1917.

# « Je voulais que femmes et hommes jouent sur le même circuit. »

Billie Jean King, 22 novembre 1943 – …

Joueuse de tennis américaine au palmarès impressionnant et connue pour son engagement pour la cause féministe et homosexuelle.

**1er septembre 1909:** naissance d'**Agathe Mella**, personnalité française de la radiophonie. Elle intègre la Radiodiffusion nationale après la Seconde Guerre mondiale et participe à la restructuration de la nouvelle Radiodiffusion-télévision française. En 1973, elle devient directrice de France Culture, première personnalité et première femme à être nommée à ce poste.

**2 septembre 1908:** après deux tentatives avortées, **Annie Smith Peck**, alpiniste américaine, devient la première personne à atteindre le sommet nord du Huascarán – point culminant du Pérou qui s'élève à plus de 6500 mètres. Elle est accompagnée de deux guides suisses et a alors 58 ans. En 1885, Annie Smith Peck se passionne pour l'alpinisme et gravit quelques sommets et cols en Italie, en Suisse, en Grèce, jusqu'à environ 3000 mètres d'altitude. Dix ans plus tard, elle fait les gros titres de la presse pour avoir escaladé en pantalon les 4478 mètres du Cervin dans les Alpes. Elle se rend alors au Mexique où elle atteint des sommets de plus de 5000 mètres. En 1911, à 61 ans, elle se permet même de vaincre le Mont Coropuna (Pérou), haut de 6425 mètres. Ardente militante en faveur du suffrage féminin, elle devient notamment présidente d'une association de suffragettes, la *Joan of Arc Suffrage League.*

**3 septembre 1896:** naissance de **Jeanne-Marie Besson-Surugue**, première diplômée de l'École des beaux-arts (l'ENSBA) en tant qu'architecte en 1923. Elle intègre l'école le 10 juillet 1918 sous le matricule 7192, après avoir réussi le concours d'admission. *Jeanne-Marie Besson-Surugue* fréquente l'ENSBA jusqu'au 10 février 1923, date à laquelle elle décroche son diplôme, dont le sujet est « une maternité dans une ville de province », puis elle part à l'étranger afin d'exercer son métier. De Cuba, elle part au Cambodge où elle est architecte pour l'administration coloniale. En 2016, les femmes représentent encore seulement 28 % des inscrits à l'Ordre des architectes à l'échelle nationale française.

**4 septembre 2016:** **Anjezë Gonxhe Bojaxhiu** dite **Mère Teresa**, religieuse catholique albanaise naturalisée indienne, est canonisée par l'Église catholique comme **sainte Teresa de Calcutta**. Prix Nobel de la paix en 1979, elle est surtout mondialement connue pour son action personnelle caritative et la fondation d'une congrégation religieuse. Elle est béatifiée le 19 octobre 2003, à Rome, par le pape Jean-Paul II.

**5 septembre 1990 :** pour la première fois, la chambre criminelle de la Cour de cassation française reconnaît le crime de viol entre époux. La reconnaissance de cette notion n'ayant « d'autre fin que de protéger la liberté de chacun », le crime de viol « n'exclut pas de ses prévisions les actes de pénétration sexuelle entre personnes unies par les liens du mariage ». En Suisse, le viol au sein d'un couple marié est puni depuis le 1er avril 2004.

**6 septembre 2020 :** dernière sortie de la Française **Martine Gaillard** qui est la première femme pilote d'hélicoptère de la sécurité civile. En février 1982, la spécialité de pilote d'hélicoptère est ouverte aux femmes et Martine Gaillard est choisie pour faire partie d'une aventure expérimentale. Elle quitte l'armée en 1999 mais, s'ennuyant dans son nouveau métier, intègre en mars 2003 le Groupement d'hélicoptères de la Sécurité civile (GHSC). Pendant sa carrière, Martine Gaillard effectue plus de 8400 heures de vol et secourt plus de 1800 personnes.

**6 septembre 1975 :** naissance de **Ryōko Tani**, judoka japonaise hors norme malgré sa petite taille (146 cm et moins de 50 kg). Avec 5 médailles olympiques – dont deux en or –, et 7 titres de championne du monde, elle est la judoka la plus titrée de l'histoire du judo, toutes catégories de poids confondues. Véritable icône au Japon, la Nippone est restée invaincue en compétition internationale entre 1996 et 2008, date à laquelle elle est défaite par la Roumaine Alina Alexandra Dumitru. De ses quinze années de carrière, elle ne compte que quatre défaites officielles contre des étrangères. Au Japon, seules deux femmes ont réussi à vaincre Ryōko Tani.

**7 septembre 1990:** décès de **Clärenore Stinnes**, pilote de course automobile suédoise. Elle commence sa carrière à l'âge de 24 ans et, deux ans plus tard, est déjà une pilote reconnue avec pas moins de 17 victoires à son actif. Fait notable, elle est la première pilote à avoir accompli un tour du monde en voiture. Elle part de Francfort le 25 mai 1927, accompagnée de trois compagnons, deux mécaniciens et un cameraman, Carl Axel Söderström, qui sera le seul à aller au bout de leur périple avec la pilote et qui deviendra son mari après l'aventure. Arrivés aux États-Unis, ils sont chaleureusement accueillis et font la tournée du pays en visitant les usines Ford, puis seront reçus par le président Hoover en personne! Il leur faut deux ans et un mois pour réaliser ce périple de 49244 km, périple pendant lequel ils rencontreront nombre de difficultés, devant même parfois utiliser de la dynamite pour se frayer un chemin! Ils passent une année à monter un film avec les images tournées pendant l'aventure, puis leur exploit tombera dans l'oubli.

**8 septembre 1920:** naissance de **Madeleine Rebérioux**, historienne française spécialiste de la IIIe République. Elle est la première femme à présider la Ligue des droits de l'homme de 1991 à 1995. Madeleine Rebérioux était profondément humaniste et pour elle, le social et le politique représentaient des questions prioritaires. Elle s'intéressait en outre à l'histoire et à la condition des femmes, participant à certains colloques – dont celui de Vincennes de décembre 1978 sur «femmes et classe ouvrière» – même si ce n'était pas là son combat premier.

**9 septembre 1976:** naissance d'**Emma de Caunes**, cinéaste et actrice française. En 2021, elle réalise une série intitulée *Neuf meufs* diffusée sur Canal Plus. Emma de Caunes vient d'une famille féministe et a été éduquée par des femmes à la parole libérée. Aussi, il lui semblait naturel de mettre en scène le quotidien de femmes indépendantes, vivant toutes dans le même immeuble.

**10 septembre 1815:** naissance de **Marie Joséphine Olinde Carpantier**, plus connue sous le nom de **Marie**

**Pape-Carpantier**, pédagogue et féministe française. Militant pour l'éducation des filles et les droits des femmes, elle est la pionnière de l'enseignement pré-élémentaire en France. En 1833, la loi stipule que chaque commune doit avoir une école primaire et des « salles d'asile », destinées aux enfants de deux à six ans issus des milieux populaires. En 1834, Marie-Pape Carpantier intègre l'équipe d'encadrement de la salle d'asile de sa commune puis y est nommée directrice. Elle se consacre avec bienveillance, elle qui n'aimait pas l'école du fait de la sévérité des adultes, à l'éducation d'une centaine de jeunes enfants. Elle écrit divers articles sur les droits des femmes et, en 1962, présente même ses méthodes d'enseignement à la Sorbonne.

**11 septembre 2020 :** la Française **Pascale Regnault** devient Directrice centrale des Compagnies Républicaines de Sécurité. Elle est la première femme à être nommée à la tête des CRS, créées en 1944.

**12 septembre 1896 :** naissance d'**Elsa Triolet**, femme de lettres et résistante française d'origine russe. Avec son livre qui comprend quatre nouvelles et porte un titre faisant référence au code secret annonçant le débarquement de Provence, *Le premier accroc coûte deux cents francs*, elle obtient le prix Goncourt en 1945 pour son texte paru en 1944. Elle devient ainsi la première femme à obtenir ce fameux prix littéraire. Le 28 février 1939, elle se marie avec le poète Louis Aragon avec qui elle entre dans la Résistance dans la zone sud pendant la Seconde Guerre mondiale.

**12 septembre 1992 :** **Mae Carol Jemison**, astronaute américaine, décolle à bord de la navette spatiale Endeavour qui effectue sa deuxième mission nommée STS-47 au cours de laquelle son objectif est de conduire des expériences sur les cellules osseuses et le mal de l'espace. Elle est la première femme noire à se rendre dans l'espace. Mae Carol Jemison obtient un doctorat en médecine en 1981. Elle contribue notamment à l'élaboration d'un vaccin contre l'hépatite B. Elle souhaite être astronaute depuis le lycée. En 1987, elle entre à la NASA qu'elle quitte en 1993 pour devenir professeure en études environnementales, notamment à la fameuse Université Cornell dans l'État de New York. Elle multiplie aussi les initiatives pour sensibiliser les jeunes, les femmes et les minorités ethniques à la science.

**13 septembre 1819 :** naissance de **Clara Wieck** (plus connue sous son nom de femme mariée, **Clara Schumann**), une des plus grandes pianistes de l'époque romantique. Son père souhaite faire d'elle un prodige, aussi la retire-t-il de l'école publique pour qu'elle consacre plusieurs heures par jour à la musique. À côté des concerts qu'elle donne, elle est aussi compositrice de concertos pour piano et de musique de chambre. Épouse du célèbre compositeur Robert Schumann, elle est la première personne à avoir interprété les œuvres de son mari mais aussi celles de Brahms, dont le couple était très proche.

**14 septembre 1972 :** décès de **Louise Arner Boyd**, exploratrice, botaniste, photographe et écrivaine américaine. Elle voyage énormément avec ses parents en Europe, et plusieurs fois seule dans son pays. Elle hérite de ses parents et, libre de toute obligation professionnelle, elle continue à arpenter le monde. En 1924, elle découvre la banquise lors d'une croisière en Norvège. Elle est conquise. À partir de là, elle rêve de l'Arctique, qu'elle découvre en 1926. Pendant les années 30, Louise Boyd multiplie les expéditions scientifiques aux alentours du Groenland ainsi qu'en Europe du Nord. Les informations qu'elle récoltera serviront d'ailleurs à l'armée américaine lors de la Seconde Guerre mondiale. En 1955, Louise Boyd devient même la première femme à voler au-dessus du pôle Nord, avec une équipe constituée, entre autres, du pionnier de l'aviation Thor Solberg.

**15 septembre 1890 :** naissance d'**Agatha Christie**, femme de lettres britannique et autrice de plus de 200 romans.

Après la Seconde Guerre mondiale, « la reine du crime » écrit un roman par an jusqu'à son décès en 1976, mais aussi des pièces de théâtre. Encore de nos jours, elle est la romancière la plus vendue de tous les temps, juste derrière le fameux Shakespeare. Agatha Christie est une femme libre (elle voyage et fait même du surf), et les héroïnes de ses romans le sont aussi. Désormais, elles mènent l'enquête et ne sont plus cantonnées à des rôles de victimes ou de potiches décoratives. Elles peuvent tuer également, ce n'est pas réservé aux hommes... Certaines féministes lui reprocheront d'être conservatrice, d'autres au contraire la trouveront réformatrice.

**16 septembre 1881 :** naissance de **Florence Madeleine « Madge » Syers**, patineuse artistique britannique. Dès l'âge de 15 ans, elle fréquente assidûment une patinoire de Londres où elle fait la rencontre d'Edgar Syers qui sera son entraîneur et futur mari. En 1896, la jeune fille participe aux Championnats du monde de patinage artistique. Elle est la première femme à concourir dans ce sport. En effet, comme bon nombre d'activités sportives, le patinage est considéré comme un sport masculin. Cela dit, le règlement n'interdit pas la participation des femmes ; aussi, Madge Syers profite de cette « lacune » pour s'inscrire. Elle termine seconde. L'Union internationale de patinage (UIP) fondée en 1892 aux Pays-Bas prend peur et exclut purement et simplement les femmes des compétitions de patinage. Un championnat féminin est finalement organisé en 1906. Il est remporté par Madge Syers qui devient ainsi la première femme championne du monde de patinage artistique. Elle gagne aussi l'édition 1907 et, imbattable, rafle l'or aux Jeux olympiques de Londres de 1928 qui incluent pour la première fois cette discipline. Madge Syers devient la première championne olympique de l'histoire. Aux mêmes Jeux, elle remporte aussi une médaille de bronze en couple avec son mari Edgar Syers. Elle est la seule femme à avoir gagné des médailles olympiques en individuel ET en couple.

Elsa Triolet en 1925. Elle est la première femme à obtenir le célèbre prix Goncourt créé en 1902.

# Elsa Triolet

12 septembre 1896 – 16 juin 1970

Elsa Triolet est une femme de lettres, traductrice, créatrice, et une résistante française d'origine russe. Avec son recueil de 4 nouvelles écrites pendant la Seconde Guerre mondiale *Le premier accroc coûte deux cents francs*, elle obtient le prix Goncourt en 1945 au titre de l'année 1944. Elle devient ainsi la première femme à obtenir ce prix littéraire. Le 28 février 1939, elle se marie avec le poète Louis Aragon avec qui elle entre dans la Résistance dans la zone sud pendant la Seconde Guerre mondiale. Elle restera avec l'homme jusqu'à son dernier souffle, le 16 juin 1970. Elle est enterrée entre les deux hêtres du Moulin de Villeneuve où elle résidait avec son bien-aimé qui lui avait offert ce « petit bout de France ».

**17 septembre 1876 :** naissance de **Marguerite Dilhan**, avocate française. Elle prête serment le 13 juillet 1903 et ouvre un cabinet dans la foulée dans le quartier Arnaud-Bernard de Toulouse. Le 27 novembre 1903, elle plaide pour une femme accusée de meurtre devant la cour d'assises. Elle est la première femme à le faire en cour d'assises. En 1904, elle défend, en cour d'assises toujours, la féministe radicale Arria Ly, qui revendique publiquement le droit au duel pour les femmes. Marguerite Dilhan obtient son acquittement. Militante, cette dernière se déplace souvent à Paris afin de défendre la place des femmes dans la profession. Contrairement à Jeanne Chauvin et Olga Balachowski-Petit, qui ont prêté serment avant elle et qui finalement ne plaideront que très peu, Marguerite Dilhan n'hésite pas à traverser la France pour enchaîner des plaidoiries brèves mais néanmoins efficaces. Elle acquiert ainsi le respect de ses contemporaines et contemporains. En 1933, elle reçoit les insignes de chevalière de la Légion d'honneur et est élevée au grade d'officier en 1949. Elle exerce sa profession au barreau de Toulouse jusqu'à sa mort le 3 mars 1956.

**18 septembre 2020 :** **Amale Dib** alias **« The French hope »**, ancienne professeure des écoles française, devient dans la nuit du 17 au 18 septembre la première catcheuse française à intégrer la WWE, la plus grande fédération de catch au monde. Quand elle pose le pied sur le ring, elle embrasse toujours le drapeau français qu'elle a au poignet et joue le rôle d'une Française dont la méchanceté n'a d'égal que l'élégance.

**19 septembre 2004 :** décès de **Simone Perl**, résistante française. Elle est la petite-fille du Capitaine Dreyfus, condamné à tort en 1894 pour espionnage au profit de l'Allemagne. Il est finalement innocenté en 1906, après des années de captivité, notamment grâce à l'intervention de l'écrivain Emile Zola et son célèbre *J'accuse*. Née en 1917, Simone Perl se réfugie en 1940 avec sa famille en zone libre à Toulouse. Sa sœur, résistante elle aussi, n'a pas cette chance et meurt du typhus en déportation. Simone Perl était officier des Arts et des Lettres.

**20 septembre 1973: Billie Jean King**, joueuse de tennis américaine, remporte ce qu'on a appelé la «bataille des sexes». Cet événement est un match de tennis entre la joueuse et Bobby Riggs – numéro un mondial dans les années 40 et âgé de 55 ans en 1973 –, lequel a pour habitude de critiquer les femmes dans le milieu tennistique: «Aucune joueuse en activité ne pourrait jamais venir à bout d'un retraité». Il met donc au défi Billie Jean King de le battre. Après un refus, mesurant l'impact en faveur de l'égalité homme-femme si elle remportait le match, Billie Jean King accepte. Et elle rafle la victoire! En 1973, elle fonde la Women's Tennis Association (WTA) dont elle devient la première présidente. Mariée à un homme, elle découvre son attirance pour les femmes et elle devient la première sportive à faire un coming out. En 2009, Barack Obama lui remet la médaille présidentielle pour la liberté pour son combat en faveur des femmes et des homosexuelles et homosexuels.

**20 septembre 1970:** naissance d'**Élisabeth Moreno**, dirigeante d'entreprise et ministre. Née à Tarrafal au Cap-Vert, Élisabeth Moreno est nommée le 6 juillet 2020 par Emmanuel Macron ministre déléguée auprès du Premier ministre chargée de l'Égalité entre les femmes et les hommes, de la Diversité et de l'Égalité des chances. Élisabeth Moreno, dont les parents ne savaient ni lire ni écrire, confie à La Croix: «J'ai appris à tomber dix fois et à me relever onze».

**21 septembre 1974:** décès de **Jacqueline Susann**, romancière américaine. Elle est la première femme à avoir publié trois best-sellers consécutifs avec *La vallée des poupées* (1966) – qui bat à l'époque tous les records de vente –, *The love machine* (1969) et *Une fois ne suffit pas* (1973) qui parle de la descente aux enfers de January Wayne, une jeune femme fragile dans le New York décadent des années 70. Jacqueline Susann devient chroniqueuse de mode après son mariage.

**22 septembre 1922:** naissance d'**Yvette Horner**, accordéoniste, pianiste et compositrice française. Enfant unique, sa mère l'incite à faire de la musique dès sa tendre enfance et elle entre au Conservatoire de Toulouse vers ses dix ans. En 1947, elle donne son premier concert et l'année suivante, elle devient la première femme à remporter la Coupe mondiale de l'accordéon. Celle-ci existe depuis le 11 juin, 1938. Très ouverte, Yvette Horner collabore tout au long de sa carrière avec des artistes d'horizons divers – jazz, classique, blues, eurodance, etc.

**23 septembre 1843 :** naissance d'**Emily Warren Roebling**. Quand son mari, Washington Roebling, ingénieur en chef de la construction du pont de Brooklyn, se retrouve paralysé suite à un accident, c'est sa femme qui prend en main la supervision du chantier. Elle devient ainsi la première femme à travailler comme ingénieure sur le terrain. Emily Warren Roebling sert d'intermédiaire en relayant les instructions de son mari à ses assistants, ouvriers et autres entrepreneurs, et fait à ce dernier des rapports sur l'avancement des travaux. En même temps, elle étudie et développe une connaissance notable dans le domaine de l'ingénierie de la construction des ponts. Après plus de dix années d'un remarquable travail d'équipe entre Emily Warren Roebling et son mari, la construction du pont est achevée le 24 mai 1883. Emily Warren Roebling est la première à le traverser en calèche devant une foule venue en masse et sous un magnifique feu d'artifice.

**23 septembre 2020 :** le président de la République française, Emmanuel Macron, annonce que le congé paternité sera doublé en juillet 2021. Il passe ainsi de 14 à 28 jours.

**24 septembre 2018 : Véronique Malbec** est choisie pour succéder à Stéphane Verclytte en tant que secrétaire générale du ministère de la Justice français, poste qu'elle est la première femme à occuper. Le 9 juillet 2020, le garde des Sceaux Éric Dupond-Moretti nomme Véronique Malbec directrice de cabinet, qui prend ainsi la tête des équipes de ce dernier.

**25 septembre 2017 :** une jeune femme américaine, qui préfère garder l'anonymat, devient la première femme de l'histoire à commander des Marines. En 2016, les femmes représentent 8 % de tous les Marines. En 2018, 92 femmes servent dans les armes de combat du corps des Marines.

**26 septembre 1937 :** décès de **Bessie Smith**, chanteuse américaine. Née dans une famille pauvre, elle gagne sa vie en chantant dans la rue. En 1923, elle fait ses débuts d'enregistrement chez la célèbre maison de disques Columbia Records. Surnommée « L'Impératrice du blues », elle enregistre pas moins de 123 chansons pendant sa carrière, ce qui fait d'elle une des artistes d'enregistrement les plus connues et les mieux rémunérées des années 1920. Lors de ces sessions, elle est accompagnée de grands jazzmen comme Louis Armstrong par exemple. Bessie Smith aura une certaine influence sur des chanteuses comme Nina Simone, Janis Joplin ou encore Norah Jones.

**27 septembre 1948 :** naissance de **Véronique Colucci**, personnalité française de l'aide humanitaire, présidente d'honneur et administratrice des Restos du cœur après la mort de son ex-époux Coluche en 1986. Elle lance la tournée des Enfoirés avec Jean-Jacques Goldman trois ans plus tard. Elle décède en 2018.

**28 septembre 1958 :** naissance de la cavalière française **Darie Boutboul**. Elle est la première femme française titulaire d'une licence de jockey amateur à avoir gagné une course du tiercé lorsqu'elle remporte, avec son cheval Abdonski, le premier prix de la Plaisance le 1er avril 1984 à Longchamp.

**29 septembre 1951 :** naissance à Santiago de **Michelle Bachelet**, chirurgienne de formation, engagée en politique dès les années 1970. Elle remporte les élections présidentielles du Chili par 53,5 % des voix contre 46,5 % pour son adversaire de droite Sebastián Piñera. C'est la première fois en Amérique du Sud qu'une femme est élue présidente au suffrage universel direct. Le 30 janvier 2006, Michelle Bachelet annonce la composition de son gouvernement, un gouvernement composé de 10 hommes et de 10 femmes, comme elle l'avait promis lors de sa campagne.

**30 septembre 1917 :** le premier match officiel de football féminin est disputé en France. Ce match met en compétition deux équipes du Fémina Sport (club omnisports féminin fondé à Paris en 1912). Dans son édition du 2 octobre 1917, le journal *L'Auto*, ancêtre de *L'Équipe*, écrit : « Pour la première fois des jeunes filles ont joué au football. » Mais la pratique de ce sport par les femmes est décriée, aussi, il faut attendre les années 60-70 pour que la Fédération Française de Football (FFF) reconnaisse le football féminin. En 1970-1971, on recense 2170 licenciées, puis 4900 la saison suivante. Depuis la mise en place du plan de féminisation en 2012, le nombre des licenciées est passé de moins de 90000 en 2010-2011 à plus de 200000 en 2020.

# OCTOBRE

Le 28 mars 1802, des spectateur·rice·s admirent la Française Jeanne Geneviève Labrosse (1775–1847) évoluer à bord d'un ballon à hydrogène. Quelques années plus tôt, le 12 octobre 1799, elle est la première femme à sauter en parachute depuis ce genre de ballon positionné à 900 mètres d'altitude.

« Une femme ne doit pas faire de bruit, ne pas déranger, ne pas se faire remarquer, ne pas avoir l’esprit de compétition, ne pas chercher la gloire. Ça, c’est réservé aux hommes. Mais rebellez-vous ! Pensez enfin à vous. À ce qui vous plaît. »

Gisèle Halimi, 27 juillet 1927 – 28 juillet 2020

Avocate et militante acharnée pour les droits des femmes. Le 11 octobre 1972, elle défend cinq femmes jugées dans une affaire d’avortement – illégal à l’époque.

**1er octobre 1862 : Elisa Lemonnier** ouvre, au 9, rue de la Perle à Paris, la première école professionnelle pour jeunes filles. Elle a créé juste avant, en mai 1862, la Société pour l'enseignement professionnel des femmes. Cette école rencontre un rapide succès : en dix mois, 80 élèves sont inscrites pour suivre les cours, elles sont 150 au bout d'un an. Elisa Lemonnier ouvre une seconde école rue Rochechouart mais surmenée, elle décède le 5 juin 1865, après une maladie foudroyante. Il n'empêche que l'idée est reprise jusqu'en Suisse, en Belgique ou encore en Italie. Elle ne sera mise en pratique en France qu'à partir de 1882, date à laquelle la municipalité de Paris ouvre ses premières écoles de jeunes filles avec les emplois du temps et les programmes des écoles Elisa Lemonnier. En son hommage, une rue de la capitale porte son nom.

**2 octobre 1984 : Elisabeth Kopp**, femme politique suisse, est élue au premier tour à la fonction suprême, celle de première Conseillère fédérale. Elle devient ainsi la première femme à accéder à l'exécutif suisse (composé de sept membres). Elle œuvre alors à l'amélioration de la condition féminine notamment en présentant au Parlement un rapport visant à une égalité des droits entre hommes et femmes. À noter qu'entre 1848 et 1984, le Conseil fédéral suisse a été exclusivement l'apanage des hommes.

**2 octobre 2009 : Justine Masika Bihamba**, la « Mama » des femmes violées au Congo, reçoit le Prix de la paix *Pax Christi International* pour son engagement contre la violence faite aux femmes dans son pays. En 2005, elle fait également partie des 1000 femmes nominées pour le prix Nobel de la paix. En 2002, elle fonde l'ONG *Synergie des femmes pour les victimes de violences sexuelles* dont elle devient tout naturellement la présidente. Cette association vise à améliorer la vie des femmes rurales, à défendre des droits des hommes et des femmes, et à aider les victimes de la guerre, en particulier les femmes victimes d'actes de violence sexuelle. Elle lutte également contre l'exploitation illégale des ressources naturelles, l'impunité généralisée, les coutumes et traditions qui considèrent les femmes comme inférieures. Justine Masika Bihamba subit nombre d'attaques et de menaces.

**3 octobre 1925 :** naissance de **Simone Segouin**, résistante française également connue sous le nom de guerre **Nicole Minet**. En 1944, âgée de 19 ans, elle s'engage dans la Résistance. Le 23 août de la même année, le général de Gaulle se rend à Chartres. Pendant sa visite, sera prise une photographie qui deviendra très célèbre, un symbole de l'engagement des femmes dans la Résistance. Sur cette image, on voit une jeune résistante armée d'un pistolet-mitrailleur allemand et arborant sur le bras gauche un brassard orné d'un bonnet phrygien et du sigle FTPF. Cette femme, c'est Simone Segouin. *L'Indépendant* d'Eure-et-Loir du 26 août 1944 chante les louanges de la jeune femme en soulignant qu'elle a participé à des actions armées sur des convois ennemis et à des attaques contre des détachements allemands. C'est le 20 août, lors de la capture de vingt-quatre prisonniers à laquelle elle participe, que Simone Segouin met la main sur le pistolet-mitrailleur allemand avec lequel elle posera trois jours plus tard. En 1946, elle reçoit la croix de guerre pour sa bravoure et son dévouement lors de la Seconde Guerre mondiale.

**4 octobre 2020 :** la jockey italienne **Jessica Marcialis** et sa pouliche **Tiger Tanaka** remportent le Prix Marcel Boussac à l'hippodrome de Paris-Longchamp. C'est la première femme à remporter un Groupe 1 en France dans la discipline du plat, c'est-à-dire une course du plus haut niveau dans l'univers des courses hippiques.

**5 octobre 1789 :** des milliers de femmes françaises s'insurgent contre la cherté de la vie et la disette qui fait rage. Elles partent de Paris pour rejoindre Versailles, la demeure du roi Louis XVI. Après quatre heures de marche sous la pluie, elles arrivent aux grilles du château et couvrent les gardes de jets de pierres. Le roi reçoit une délégation de six femmes désarmées. Touché par la détresse des Parisiennes, il accepte de distribuer de la farine dans la capitale. Les femmes se retirent, contentes d'avoir été entendues, en criant « vive le roi ! ».

**6 octobre 1989 :** décès de **Bette Davis**, actrice américaine. Forte d'une carrière de plus d'une centaine de films, elle est renommée pour son talent et ses rôles de femmes fortes et tenaces. Elle a été surnommée « La reine d'Hollywood » ou encore « Première dame du grand écran américain ». En 1963, au micro de la journaliste Shirley Eder, l'actrice dénonce ni plus ni moins les inégalités hommes-femmes dans la société américaine. Elle parle aussi évidemment de sa propre expérience dans le milieu du cinéma. Voici quelques morceaux choisis de cette interview : « En tant que femme, on se fait plus d'ennemis quand on a un cerveau. Des ennemis qu'on trouve surtout chez le sexe opposé. » « Les scénaristes n'écrivent pas pour les femmes. Je pense qu'ils sont trop déconcertés par la situation des femmes », « Je crois que les hommes doivent changer, et pas qu'un peu… à mon avis, des millions de femmes sont très heureuses d'exister par elles-mêmes, elles sont lassées de ce rôle de "petite" femme, car il n'a plus d'existence réelle. Il a tout simplement disparu. Notre monde se trouve déjà bien plus loin. La vraie femme devrait être en partie masculine et le vrai homme en partie féminin, de toute façon. »

**7 octobre 2020 :** confirmation en Conseil des ministres, de la nomination de la Française **Nathalie Roret** au poste de directrice de l'École nationale de la magistrature. Elle est la première femme mais aussi la première personnalité non issue du monde de la magistrature à occuper cette fonction. C'est Eric Dupont-Moretti, garde des Sceaux, qui avait proposé à Emmanuel Macron la nomination de Nathalie Roret le 21 septembre 2020.

**8 octobre 2004 :** la Kenyane **Wangari Muta Maathai** reçoit le prix Nobel de la paix pour « sa contribution en faveur du développement durable, de la démocratie et de la paix » à la suite de son engagement contre la déforestation du Kenya. C'est la première femme africaine à recevoir cette distinction.

**9 octobre 1973 :** décès de **Rosetta Tharpe**, chanteuse, guitariste, autrice-compositrice américaine. Elle est l'une des premières artistes de gospel à connaître un véritable succès commercial. Son morceau *Rock Me* influencera de nombreux artistes de rock and roll, dont Elvis Presley. *That's All* est le premier enregistrement où elle joue de la guitare électrique. Elle est d'ailleurs la première interprète de gospel à utiliser cet instrument.

**10 octobre 2014 :** militante pakistanaise âgée de seulement 18 ans, **Malala Yousafzai** reçoit le prix Nobel de la paix, ce qui fait d'elle la plus jeune lauréate de cette prestigieuse récompense. Dès 2004, elle décrit dans un blog la situation catastrophique de son pays et prend position sur les restrictions imposées par les talibans au sujet de l'éducation des filles. Le 9 octobre 2012, ces derniers fomentent un attentat terroriste contre la jeune femme cependant qu'elle rentre de l'école en bus. Elle en réchappe malgré une balle dans la tête et est transférée dans un hôpital de Birmingham au Royaume-Uni. Si le monde est parvenu à une égalité garçons-filles en ce qui concerne la scolarité primaire, peu nombreux sont les pays qui ont atteint cette égalité à tous les niveaux de scolarisation.

**11 octobre 1972 :** début du procès de Bobigny au cours duquel cinq femmes sont jugées : une jeune mineure pour avoir avorté après un viol, et quatre majeures, dont sa mère, pour complicité ou pratique de l'avortement. La défense des accusées est assurée par Gisèle Halimi. La mère, Michèle Chevalier, est condamnée à 500 francs d'amende avec sursis. Ses deux collègues, qui ont revendiqué le fait d'avoir aidé Michèle Chevalier, sont relaxées. La quatrième prévenue est condamnée à un an de prison avec sursis pour avoir pratiqué l'avortement. Ce procès va jouer un rôle considérable dans le vote de la loi sur l'IVG.

**12 octobre 1799 :** **Jeanne Labrosse**, Française, saute pour la première fois en parachute à 900 mètres d'altitude depuis un ballon à hydrogène, sous les regards admiratifs de la foule et de son professeur et futur époux André-Jacques Garnerin.

Ce dernier est le premier à effectuer un saut en parachute – à 680 mètres d'altitude – dans les mêmes conditions, deux ans plus tôt. En 1802, Jeanne Labrosse épouse André-Jacques Garnerin et dépose le brevet du parachute au nom de ce dernier. **Lucienne Blaise** sera la première femme à sauter en parachute depuis un aéroplane le 17 mai 1914.

**12 octobre 1914 :** décès de l'Américaine **Margaret E. Knight**. En 1894, elle met au point une machine capable de couper, plier et coller automatiquement des sacs en papier à fond plat, machine qui permet de remplacer le travail de trente personnes ! Margaret E. Knight est considérée comme l'inventrice la plus célèbre du XIXe siècle. Entre 1870 et 1915, elle obtient pas moins de 26 brevets dont un cadre de fenêtre ou encore une machine à couper les semelles pour la fabrication de chaussures. En 2006, elle est admise au National Inventors Hall of Fame, une organisation qui honore des inventions du monde entier.

**12 octobre 1946 :** publication de la liste des 160 candidates et candidats aux épreuves du concours de la magistrature qui comporte pour la première fois le nom d'une femme : **Suzanne Régnault Gousset**. À 32 ans, la jeune femme est déclarée admise. Depuis le vote de la loi du 11 avril 1946, adoptée à l'initiative de Robert Lecourt par l'Assemblée Constituante, « tout Français, de l'un et l'autre sexe, peut accéder à la magistrature ». Le général de Gaulle, souhaitant offrir une véritable visibilité à ce texte, nomme le 10 octobre 1946 Charlotte Béquignon-Lagarde à la Cour de cassation.

**13 octobre 2006 :** décès d'**Annie Leclerc**, professeure, philosophe et féministe. Elle milite très tôt pour la liberté de la femme. En 1971, elle signe le manifeste des 343 publié dans *Le Nouvel Observateur*, déclarant ainsi avoir eu recours à l'avortement, malgré son interdiction. En 1974, elle écrit *Parole de femme*, un livre qui incite les femmes à prendre de hautes responsabilités. Cependant, elle se démarque des autres féministes en considérant que les tâches ménagères et familiales peuvent être tout aussi enrichissantes que n'importe quelle autre activité professionnelle. Autre cheval de bataille : trouvant les conditions de détention inhumaines, Annie Leclerc vient en aide aux détenus en animant des ateliers d'écriture.

**14 octobre 2017 :** le mouvement #MeToo, actif depuis dix ans, prend un essor significatif. Quelques jours après l'affaire Weinstein – producteur américain accusé de viols et d'agressions sexuelles –, l'actrice américaine Alyssa Milano écrit sur Twitter "If you've been sexually harassed or assaulted write « me too » as a reply to this tweet". L'actrice a traduit un tweet lancé la veille par la journaliste française Sandra Muller : « #BalanceTonPorc !! toi aussi raconte en donnant le nom et les détails d'un harcèlement sexuel que tu as connu dans ton boulot. Je vous attends. » Le 11 mars 2020, Weinstein écope de 23 ans de prison ferme.

**15 octobre 1895 :** naissance de **Thérèse Bertrand-Fontaine**, médecin français. Interne des hôpitaux de Paris de 1922 à 1926, elle est reçue en 1928 au concours du clinicat. Elle est la première femme médecin des hôpitaux de Paris en 1930. Cheffe de service à l'hôpital Beaujon de 1945 à 1961, elle préside la Société médicale des hôpitaux jusqu'en 1961. Le 20 mai 1969, Thérèse Bertrand-Fontaine est élue membre de l'Académie nationale de médecine.

**15 octobre 1978 : Sylvia Caduff**, cheffe d'orchestre suisse, dirige l'Orchestre philharmonique de Berlin, en tant que cheffe invitée. Elle est la seule femme à avoir cet honneur entre 1930 et 2008. En 2003, elle reçoit le Prix de la culture des Grisons. En 1966, elle est la première femme à remporter le concours international de musique Dimitri Mitropoulos de New York, ce qui lui vaut d'assister le grand chef d'orchestre Leonard Bernstein au New York Philharmonic, qu'elle dirige à plusieurs reprises. Pour ce faire, les statuts de ce dernier, qui excluaient les femmes jusqu'à présent, sont modifiés pour l'occasion. Sylvia Caduff devient alors l'une des premières femmes à diriger cet orchestre.

Thérèse Bertrand-Fontaine en 1930. Cette année-là, elle devient la première femme médecin des hôpitaux de Paris.

# Thérèse Bertrand-Fontaine

15 octobre 1895 – 24 décembre 1987

Thérèse Bertrand-Fontaine est résistante et médecin français. Interne des hôpitaux de Paris de 1922 à 1926, elle est reçue en 1928 au concours du clinicat. Elle est la première femme médecin des hôpitaux de Paris en 1930. Pendant la Seconde Guerre mondiale, elle est cheffe de service à l'hôpital de la Maison Dubois et est membre du « Comité directeur de la Résistance médicale ». Elle reçoit d'ailleurs la médaille de la Résistance à la fin de la guerre. Cheffe de service à l'hôpital Beaujon de 1945 à 1961, elle préside la Société médicale des hôpitaux jusqu'en 1961. Le 20 mai 1969, Thérèse Bertrand-Fontaine est élue membre de l'Académie nationale de médecine.

**16 octobre 1990 :** naissance de la Française **Ornella Ongaro**, pilote de grand prix de moto. En avril 2004, surnommée « la tulipe » à cause de la couleur rose de sa moto, la jeune Cannoise signe une première historique avec sa victoire en 125 cm³. Quelle que soit la catégorie concernée, aucune femme avant elle n'avait remporté de course en championnat de France. En février 2018, celle qui est montée sur une moto pour la première fois à l'âge de 6 ans, confie à France Bleu : « Quand t'es une fille sur une moto, on ne te met pas un ni deux bâtons dans les roues, mais un énorme rondin ». Elle avait de la répartie !

**17 octobre 1965 :** décès de **Laure Diebold**, résistante française. En mai 1942, elle entre au réseau de renseignements « Mithridate ». En tant qu'agent de liaison, elle est chargée de faire passer des messages à Londres. À la mi-août 1942, elle fait la rencontre de Daniel Cordier, secrétaire du célèbre résistant Jean Moulin. Sous le pseudo « Mado », Laure Diebold est affectée en Zone Sud aux services de Jean Moulin. Depuis Lyon, la jeune femme travaille sans relâche, de jour comme de nuit. En 1943, sur ordre de son chef, elle s'installe à Paris. En septembre de la même année, elle est arrêtée par la Gestapo et est déportée dans différents camps. Elle est finalement libérée en avril 1945 par les Américains et retrouve son mari, déporté lui aussi.

**18 octobre 1956 :** naissance d'**Isabelle Autissier**, navigatrice française. Elle découvre la voile en Bretagne, à l'âge de 6 ans, en naviguant à bord du petit croiseur familial. En 1987, elle construit *Parole*, son premier bateau de 10 mètres en acier. Elle réalise cette année-là sa première traversée océanique en solitaire. En 1991, elle termine 7ᵉ du BOC Challenge en réalisant l'exploit d'être la première femme à faire un tour du monde en solitaire lors d'une compétition.

**18 octobre 1984 :** naissance de **Lindsey Vonn**, skieuse alpine américaine. Avec 82 victoires en coupe du monde, deux titres mondiaux et un titre olympique, elle est l'une des plus grandes athlètes du XXIe siècle, tous sports confondus, et tous genres confondus. Lindsey Vonn prend sa retraite en 2019, à l'âge de 35 ans. Acceptant de voir son corps changer, elle est aussi un modèle pour les femmes de son époque. En 2020, elle poste un message sur Instagram auquel elle joint des photos d'elle non retouchées en bikini, assumant ses petites imperfections : « Je suis 100 % naturelle et 100 % Lindsey. Alors, à tous ceux qui se sentent rabaissés à propos de leur apparence : restez forts, restez en bonne santé et aimez-vous, quoi qu'en disent les 'haters'. Merci à tous ceux qui ont été positifs et solidaires… maintenons la culture de la positivité corporelle ! » En 2021, Lindsey Vonn devient ambassadrice de Jaguar Land Rover, et est nommée « troisième pilote » de réserve de l'écurie britannique.

**18 octobre 1974 :** un arrêté royal nomme la politicienne belge **Marguerite De Riemaecker-Legot** ministre d'État. Elle devient ainsi la première femme à accéder à ce titre en Belgique. Parmi de nombreuses fonctions et missions, elle est nommée, le 21 octobre 1953, Secrétaire de la Chambre, poste encore inédit pour une femme et qu'elle occupe jusqu'en 1958. Cette année-là, elle est alors la première femme belge à siéger au Parlement européen à Strasbourg. Elle reste à ce poste jusqu'en avril 1961. Le 27 juillet 1965, elle devient aussi la première femme ministre en Belgique. Durant sa carrière, Marguerite De Riemaecker-Legot prend part à des réunions sur la protection de la jeunesse et le statut de la femme (24 avril 1970), ainsi que sur le contrôle des naissances, l'avortement et l'emploi de contraceptifs (18 mai 1971).

**19 octobre 1909 :** naissance de **Marguerite Perey**, chimiste française. Formée comme technicienne par Marie Curie, elle est connue pour avoir isolé l'élément 87, le francium – le dernier élément radioactif naturel que tous les chercheurs traquaient depuis longtemps. La découverte est annoncée le 9 janvier 1939 par l'Académie des sciences. Marguerite Perey peut alors reprendre ses études ; elle soutient sa thèse le

21 mars 1946. C'est d'ailleurs ce jour qu'elle propose de nommer l'élément 87 le francium, en hommage à son pays, comme l'a fait précédemment Marie Curie qui a donné le nom de son pays natal au polonium. Le 12 mars 1962, Marguerite Perey est élue correspondante de l'Académie des sciences, devenant ainsi la première femme à pouvoir participer aux activités de cette assemblée. Mais le revers de la médaille est qu'elle est irradiée au cours des premières années de son travail. Elle termine sa vie seule, avec d'atroces souffrances.

**20 octobre 1992 :** **Nicole Notat** est nommée secrétaire générale de la Confédération française démocratique du travail (CFDT), dont elle est la secrétaire adjointe depuis quelques années. Elle devient ainsi la première femme à diriger une confédération syndicale en France. Elle sera en place jusqu'en 2002. En 2011, elle devient aussi la première femme à présider le club d'influence Le Siècle, fondé en 1944 et qui regroupe des dirigeants politiques, économiques, culturels et médiatiques français.

**21 octobre 1945 :** premier vote féminin lors d'un scrutin national en France : 33 femmes sont élues membres de l'Assemblée nationale constituante. Dix-sept communistes, 6 socialistes, 9 représentantes du Mouvement républicain populaire (MRP) et une du Parti républicain de la liberté (PRL). Parmi elles, on note Madeleine Braun, qui deviendra en 1946 la première femme vice-présidente de l'Assemblée, et Marie-Madeleine Dienesch, qui sera la première femme nommée présidente de commission en 1967.

**22 octobre 1844 :** naissance de **Sarah Bernhardt**, actrice française. Elle est considérée comme une des plus importantes actrices françaises du XIXe siècle et du début du XXe siècle. Surnommée par Victor Hugo « la Voix d'or », mais aussi par d'autres « la Divine » ou encore « l'Impératrice du théâtre », elle fait partie des plus grandes tragédiennes françaises de son époque. Star internationale, elle est la première comédienne à avoir accompli des tournées triomphales dans le monde entier.

**23 octobre 1805 : Barbe Nicole Ponsardin, épouse Clicquot**, dite **la Veuve Clicquot**, est une femme d'affaires française et la première femme à diriger une maison de Champagne. À la mort de son mari, le 23 octobre 1805, elle prend les commandes de la Maison familiale fondée en 1772. Elle n'a alors que 27 ans. À l'époque, la Maison produit 100 000 bouteilles par an. À la mort de la Veuve Cliquot, en 1866, la Maison commercialise 750 000 bouteilles qu'elle expédie dans de nombreux pays. Aujourd'hui, sa production atteint les 22 millions de bouteilles à l'année. La jeune veuve est travailleuse et créative. Elle crée le premier champagne millésimé (1810), la table de remuage (1816) et le premier champagne rosé d'assemblage (1818).

**24 octobre 1901 : Annie Edson Taylor**, institutrice et aventurière américaine, devient la première personne à survivre à la descente des chutes du Niagara dans un tonneau en bois, le jour de ses 63 ans. La vieille dame utilisa un tonneau fabriqué sur mesure fait de chêne et de fer et rembourré d'un matelas, pour le confort ! Plusieurs milliers de personnes viennent assister à son périple d'une vingtaine de minutes. Elle arrivera sans encombre, avec à peine une petite entaille sur la tête. Si l'aventurière casse-cou avait souhaité tenter ce pari fou, c'était avant tout pour se mettre à l'abri de problèmes financiers. Mais l'argent récolté grâce à son exploit enrichira plus son agent qu'elle-même.

**25 octobre 1947 : Gerty Theresa Cori**, biochimiste américaine, est la première femme à recevoir le prix Nobel de physiologie ou médecine, honneur qu'elle partage avec son époux Carl Cori. Ils le reçoivent « pour la découverte du processus de conversion catalytique du glycogène », processus qui a fortement contribué à une meilleure connaissance du métabolisme des glucides présents dans le corps humain ».

**26 octobre 1902 :** décès d'**Elizabeth Cady Stanton**, autrice américaine et l'une des figures de proue du mouvement pour les droits des femmes au XIXe siècle. Les 19 et 20 juillet 1848, elle organise, avec plusieurs comparses, la Convention de Seneca Falls, un rassemblement d'une importance capitale puisqu'il fonde le mouvement des droits des femmes aux États-Unis. Elizabeth Cady Stanton se bat pour que la femme puisse jouir de ses biens et de son salaire, qu'elle ait droit d'hériter, ou encore qu'elle soit autonome juridiquement. Elle fait la rencontre de **Susan B. Anthony** avec qui elle va former un duo de choc. Susan devant consacrer beaucoup de temps à sa famille, c'est Elizabeth qui écrit les discours que sa coéquipière déclame aux quatre coins du pays. Les deux femmes fondent l'Association nationale du suffrage féminin. Ce dernier est finalement adopté par le Congrès en 1919, dix-sept ans après la mort de la militante.

**26 octobre 1996 : Jeannie Longo**, cycliste française, bat la meilleure performance de l'heure féminine UCI. Elle parcourt 48,159 km en une heure et sa performance reste inégalée à ce jour. Jeannie Longo a une carrière d'une longévité incroyable ! Elle a commencé le vélo à l'âge de 20 ans et elle participe encore, à plus de 60 ans, à des courses et en remporte même devant des concurrentes qui ont quarante ans de moins qu'elle. Elle est la sportive française la plus récompensée avec 59 titres nationaux, 13 titres de championne du monde et un titre olympique à Atlanta en 1996.

**27 octobre 1946 :** en France, inscription du principe d'égalité des droits entre les femmes et les hommes dans le préambule de la Constitution. Le point numéro 3 stipule que « la loi garantit à la femme, dans tous les domaines, des droits égaux à ceux de l'homme ».

**28 octobre 1949 :** sortie du livre *Le deuxième sexe* de l'écrivaine française **Simone de Beauvoir**. Il s'agit d'un essai existentialiste et féministe. S'il ne se veut pas militant, il touche beaucoup à l'autobiographie. Il pose un constat sur la situation des femmes après la Seconde Guerre mondiale mais revêt aussi un aspect philosophique, sociologique, biologique et médical. Dans son œuvre, l'écrivaine exclut le déterminisme. Elle s'intéresse à l'infériorisation de la femme et à ses causes. Aussi, elle accuse les hommes de sexisme, de lâcheté, même de cruauté, et reproche aux femmes leur passivité et leur soumission. Simone de Beauvoir estime que l'émancipation féminine sera le fait des hommes ET des femmes. Critiqué avec violence, l'ouvrage est tout de même un succès. *Le deuxième sexe* s'est vendu à plusieurs millions d'exemplaires dans le monde et a été traduit dans de nombreuses langues. Il reste à ce jour une référence majeure de la philosophie féministe.

**29 octobre 1959 :** décès d'**Edith Clarke**, physicienne et ingénieure américaine. Elle fréquente le Massachusetts Institute of Technology et devient, en 1919, la première femme à obtenir de cette institution une maîtrise en génie électrique. Elle est aussi la première femme à être employée comme ingénieure électrique aux États-Unis, à enseigner cette matière, à publier dans l'*American Institue of Electrical Engineers* – organisation créée par des ingénieurs électriciens et qui a existé de 1884 à 1963 – et à en être élue membre.

**30 octobre 2017 :** suite au succès du mouvement #metoo et de l'affaire Weinstein, 7000 femmes du monde de l'art signent une lettre ouverte intitulée *"not surprised"* (pas surprises) afin de dénoncer le harcèlement sexuel dans les milieux artistiques. Leur cri de ralliement est *"Abuse of power comes as no surprise"* (l'abus de pouvoir n'est pas une surprise), formule inventée à la fin des années 70 par l'artiste américaine Jenny Holzer. Voici un extrait de cette lettre : « Nous sommes artistes, administratrices, assistantes, curatrices, critiques d'art, directrices, éditrices, étudiantes, galeristes, chercheurs, stagiaires et universitaires travaillant dans le monde de l'art contemporain, et nous avons été victimes d'attouchements, rabaissées, harcelées, infantilisées, méprisées, menacées et intimidées par celles et ceux en position de pouvoir [...] ».

**31 octobre 1711 :** naissance de **Laura Bassi**, mathématicienne et physicienne italienne. Née dans une famille prospère, son père, juriste de profession, décide de la confier à Gaetano Tacconi, qui enseigne la médecine à l'Université de Bologne. Laura Bassi apprend à ses côtés pendant sept ans. En 1732, elle soutient sa thèse et obtient son doctorat. Puis, elle enseigne l'anatomie à l'université – les Italiens sont plus ouverts que les Français à cette époque – et adhère aux idées de Newton, qu'elle contribue fortement à introduire en Italie. Certains de ses textes sur la physique cartésienne et newtonienne sont publiés par l'Université de Bologne mais aucune parution en livre ne s'opère. En 1772, elle reçoit la chaire de physique expérimentale et son mari devient son assistant.

**31 octobre 1971 :** pour la première fois, les Suissesses peuvent enfin voter et être élues lors d'un suffrage fédéral. Avec ce vote, elles sont onze femmes à accéder au Conseil national – Elisabeth Blunschy-Steiner, Tilo Frey, Hedi Lang, Josi Meier, Gabrielle Nanchen, Martha Ribi, Liselotte Spreng, Hanny Thalmann, Lilian Uchtenhagen, Nelly Wickyet, Hanna Sahlfeld-Singer – et une au Conseil des États (Lise Girardin).

# NOVEMBRE

Madeleine Brès (26.11.1842 – 30.11.1921) est la première femme autorisée à suivre des études de médecine en France en 1868.

« Ma revendication en tant que femme, c'est que ma différence soit prise en compte, que je ne sois pas contrainte de m'adapter au modèle masculin. »

Simone Veil, 13 juillet 1927 – 30 juin 2017

Femme politique française. On lui doit notamment la dépénalisation de l'avortement en France après un discours mémorable devant l'Assemblée nationale le 26 novembre 1974.

**1er novembre 1848 :** début des cours au Boston Female Medical College, collège médical féminin des États-Unis fondé par Samuel Gregory. La principale motivation de son fondateur étant la conviction que les médecins de sexe masculin ne devraient généralement pas aider à l'accouchement, ce sera par conséquent la première école à former des femmes dans le domaine de la médecine obstétrique.

**2 novembre 1992 :** après avoir été introduite dans le droit pénal en juillet 1992, la Loi n° 92-1179 du 2 novembre 1992 relative à l'abus d'autorité en matière sexuelle dans les relations de travail, et modifiant le Code du travail et le code de procédure pénale en France, reconnaît le harcèlement sexuel dans le monde du travail.

**3 novembre 1926 :** décès de **Phoebe Ann Moses**, dite **Annie Oakley**, une des femmes légendaires de l'Ouest américain, célèbre pour sa redoutable précision au tir. On l'appelle « la petite femme au tir sûr » – ce surnom lui vient de Sitting Bull en personne (chef de tribu indien). À l'âge de 15 ans, un concours est organisé entre elle et Frank Butler, tireur professionnel de dix ans son aîné. L'homme, sûr de lui, est persuadé de la battre et ne se prive pas de se moquer d'elle. Mais elle remporte le concours… Ils se marient quelque temps plus tard et Annie Oakley intègre le spectacle de tir de son époux. Ce dernier s'efface alors devant le talent de sa dame et devient son manager. S'ensuivent de nombreux exploits. Elle touche 4472 des 5000 boules de verre lancées en l'air à 28 mètres de distance. Un de ses tirs les plus célèbres reste celui qui pouvait enlever les cendres d'une cigarette tenue à la bouche par son mari. En marge de sa carrière, Annie Oakley donne des cours de tirs à des jeunes filles car, à ses yeux, il est nécessaire pour les femmes de savoir se défendre. Parallèlement à sa carrière dans le monde du spectacle, elle s'engage également pour les droits des femmes et vient en aide à celles de son entourage.

**4 novembre 1924 :** **Nellie Tayloe Ross** remporte les élections et devient ainsi la première femme gouverneur d'un État américain, celui du Wyoming. Elle est installée dans ses fonctions le 5 janvier 1925. À nouveau candidate en novembre 1926, elle est battue par le républicain Frank Emerson. En 1933, le président Franklin D. Roosevelt la nomme directrice de l'US Mint – agence qui produit et met en circulation les pièces de monnaie américaines –, ce qui fait d'elle l'une des premières femmes à occuper un poste fédéral de cette importance. Au Texas, le 4 novembre 1924, Miriam « Ma » Ferguson remporte les élections et devient la première femme gouverneur du Texas à l'âge de 49 ans. Il faudra attendre soixante ans pour que le Texas élise à nouveau une femme à la fonction de gouverneur en la personne d'Ann Richards.

**5 novembre 1895 :** naissance de **Jeanne Lévy**, professeure française de médecine. Elle est l'une des premières jeunes filles à obtenir un baccalauréat scientifique en 1914. Elle est docteure en sciences physiques (1921) et en médecine (1931). Elle multiplie alors les fonctions et en 1959, elle devient la première titulaire en France d'une fonction de professeure « à titre personnel » à la Faculté de médecine de Paris. En 1964, à deux ans de sa retraite, elle est nommée titulaire de la chaire dédoublée de pharmacologie de la faculté.

**6 novembre 1975 :** décès de l'Américaine **Annette Kellermann**, féministe et pionnière de la nage de compétition. À l'âge de 6 ans, elle contracte la poliomyélite et on lui conseille de faire de la natation. La jeune fille est douée et elle s'engage même dans des courses contre des hommes, qu'elle bat sans difficulté aucune. En 1907, elle est arrêtée pour indécence sur une plage de Boston pour avoir osé porter une combinaison une pièce moulante au lieu de la robe de bain habituelle. Plaidant le confort pour le sport, elle est acquittée. Forte de cette médiatisation, elle commercialise son maillot, invente la natation synchronisée et réalise des shows aquatiques qu'elle produit dans le monde entier.



**7 novembre 2020 :** **Kamala Harris**, membre du parti démocrate, devient la première femme vice-présidente des

États-Unis. Choisie par le président Joe Biden, elle déclare dans son discours de victoire : « Je suis peut-être la première femme à avoir ce poste mais je ne serai pas la dernière. » En guise de symbole, elle porte du blanc en hommage aux suffragettes qui étaient vêtues de cette même couleur.

**8 novembre 1911 :** **Marie Curie**, physicienne et chimiste polonaise naturalisée française lors de son mariage avec le physicien Pierre Curie, reçoit un télégramme lui annonçant qu'on lui décerne le prix Nobel de chimie pour ses travaux sur le polonium et le radium. Elle se déplace à Stockholm le 10 décembre 1911 pour le recevoir. Elle est la première femme à recevoir le prix Nobel scientifique et reste aujourd'hui la seule femme à en avoir reçu deux. Elle est aussi la seule personne à avoir été récompensée dans deux domaines scientifiques distincts. En 1903, elle est également la première femme lauréate, avec son mari, de la médaille Davy, pour ses travaux sur le radium.

**9 novembre 1914 :** naissance d'**Hedy Lamarr**, actrice, productrice de cinéma et inventrice autrichienne. Outre sa carrière au cinéma, elle marque l'histoire scientifique des télécommunications en inventant, en collaboration avec le compositeur George Antheil, un moyen de coder des transmissions. Il s'agit d'un principe toujours utilisé pour le positionnement par satellites – GPS, GLONASS, etc. –, les liaisons chiffrées militaires, les communications de la navette spatiale au sol et dans certaines techniques wifi et Bluetooth.

**10 novembre 1887 :** naissance d'**Elisa Leonida Zamfirescu**, ingénieure chimiste roumaine. Son baccalauréat en poche, elle souhaite intégrer l'École nationale des ponts et chaussées de Bucarest, qui refuse, sous prétexte que c'est une femme. En 1909, elle s'inscrit donc à l'École technique royale de Charlottenbourg (Allemagne), malgré les réticences de la gent masculine, ses camarades de classe l'empêchant même de participer aux festivités d'inscription. Mais elle ne lâche pas. Elle obtient son diplôme en chimie en 1912 et devient ainsi la première femme ingénieure diplômée en Roumanie et en Allemagne. La presse de son pays la félicite et va même jusqu'à encourager les jeunes filles à suivre son exemple. Elisa Leonida Zamfirescu est aussi la première femme acceptée dans l'Association générale des ingénieurs de Roumanie (AGIR).

**11 novembre 2016 :** **Nathalie Boy de la Tour**, dirigeante d'entreprise française, est la première femme élue présidente de la Ligue de football professionnel (LFP). Le 8 mars 2019, à l'occasion de la Journée internationale des femmes, elle annonce des actions destinées à promouvoir le football féminin.

**12 novembre 1967 :** dans un documentaire de Jean-Noël Roy pour l'émission de télévision Dim/Dam/Dom, Marguerite Duras interviewe **Marie-Marguerite Vigorie**, à la tête de la prison La Roquette. Marie-Marguerite Vigorie est la première femme directrice de prison en France. Elle a été également directrice de l'ENAP (École nationale d'administration pénitentiaire), dès son ouverture en 1945.

**13 novembre 1715 :** naissance de **Dorothea Christiane Erxleben**, première femme à obtenir un doctorat en médecine en Allemagne. Fille d'un médecin, ce dernier lui dispense un enseignement en la matière dès son plus jeune âge. Personne n'étant désireux de se faire soigner par une femme, Dorothea Christiane Erxleben commence à exercer sur les pauvres gens. Une partie du corps médical s'insurge alors et demande qu'elle passe le diplôme. Qu'à cela ne tienne, elle réussit son doctorat avec brio en juin 1754. Quatorze ans plus tôt, très concernée par la piètre condition des femmes dans son pays, Dorothea Christiane Erxleben écrit un pamphlet pour, entre autres, défendre le droit des femmes à étudier à l'université. Celles-ci ne sont officiellement autorisées en médecine et en pharmacie qu'en 1899.

Edmée Chandon prenant la pose dans les années 1900.

# Edmée Chandon

21 novembre 1885 – 8 mars 1944

Edmée Chandon est une astronome française. Elle décroche le baccalauréat en 1903, une licence en 1906 et l'agrégation féminine de mathématiques en 1908. Engagée à l'Observatoire de Paris à titre de stagiaire, elle y devient le 1er mars 1912 la première femme astronome professionnelle en poste en France. Edmée Chandon est aussi la première Française à obtenir un doctorat ès sciences mathématiques en mars 1930 avec sa thèse sur « Les marées de la Mer Rouge et du Golfe de Suez » pour laquelle l'Académie des sciences lui attribue un prix.

**14 novembre 1889 :** **Elizabeth Jane Cochrane** dite **Nellie Bly**, journaliste américaine, part pour un tour du monde. Elle a dans l'idée d'être la première femme à réaliser cet exploit mais aussi de battre Phileas Fogg, le héros du *Tour du monde en quatre-vingts jours* de Jules Verne. Elle part avec un seul bagage et une unique robe. Elle relate ses aventures dans le journal pour lequel elle travaille, le *New York World*. Le public est tenu en haleine devant ce « feuilleton » avant l'heure. Elle gagne son pari, le voyage dure exactement 72 jours, 6 heures, 11 minutes et 14 secondes. Nellie Bly est considérée comme pionnière du reportage clandestin et d'infiltration. Deux ans avant de partir faire le tour du monde, elle sollicite Joseph Pulitzer, patron du journal le *New York World*. Ce dernier lui promet un emploi si elle parvient à se faire interner dans un asile afin de réaliser un reportage vu de l'intérieur. Elle accepte, se fait passer pour folle et est internée dans un hôpital psychiatrique situé au large de Manhattan. Elle y reste dix jours avant d'être libérée par un avocat du journal. À sa sortie, elle livre un récit choquant et retentissant.

**15 novembre 2020 :** **Melody Donchet** est sacrée pour la sixième fois championne du monde de football freestyle, une discipline libre qui, exercée avec un ballon, mêle acrobatie, jonglerie et gymnastique. Il s'agit d'un record historique : elle est la première personne (homme et femmes confondu·e·s) à remporter autant de fois ce titre. Melody Donchet pratique le football en club depuis l'âge de 5 ans. À 18 ans, elle est malheureusement victime d'une rupture des ligaments croisés du genou. Contrainte de stopper sa carrière, elle découvre heureusement le freestyle football qui devient une véritable passion et une discipline dans laquelle elle excelle.

**16 novembre 1900 :** naissance d'**Eliška Junková-Khásová**, pilote automobile tchécoslovaque. Considérée comme l'une des plus grandes conductrices de l'histoire du Grand Prix de course automobile, elle gagne le Grand Prix d'Allemagne à Nürburgring dans la catégorie voitures de sport 3 litres. Cette victoire fait d'elle la première et seule femme de l'histoire à remporter une épreuve de Grand Prix.

**17 novembre 1944 :** l'ordonnance du 17 novembre 1944 relative à la constitution du jury criminel permet aux femmes d'accéder aux jurys des cours d'assises de droit commun.

**18 novembre 1944 :** un congrès insufflé par le PCF (Parti communiste français) donne naissance à l'Union des Femmes Françaises (UFF), mouvement né de la fusion des comités féminins de la Résistance. L'objectif est de lutter pour l'égalité des droits avec les hommes aussi bien dans le domaine politique qu'économique. Le mouvement compte 180 000 membres en novembre 1944, 627 000 un an plus tard.

**18 novembre 1922 :** naissance de **Marjorie Gestring**, plongeuse américaine. Elle décroche la médaille d'or aux Jeux olympiques de Berlin de 1936 devant plus de 15 000 spectateurs. À l'âge de 13 ans, elle est la plus jeune sportive de l'histoire à avoir remporté un titre olympique, homme et femme confondu·e·s. En 1976, elle fait son entrée à l'International Swimming Hall of Fame de Floride – musée de l'histoire de la natation aux États-Unis et dans le monde. Elle décède seize ans plus tard.

**19 novembre 1956 :** naissance d'**Eileen Collins**, astronaute américaine. En 1995, elle devient la première femme à piloter une navette spatiale lors de la mission STS-63. Elle pilote également la mission STS-84 le 15 mai 1997 et, en 1999, devient la première femme à commander une navette spatiale. Eileen le roc, comme on la surnomme, déclare qu'elle a hâte de ne plus être la « seule » femme commandante.

**20 novembre 1858 :** naissance de **Selma Lagerlöf**, une des écrivaines suédoises les plus célèbres. En 1909, elle est la première femme à recevoir le prix Nobel de littérature. Militante engagée contre les injustices sociales, Selma Lagerlöf est une femme au grand cœur. Elle obtient une bourse à l'âge de 33 ans avec laquelle elle publie son premier roman qui reçoit un accueil mitigé. Les suivants lui garantissent par contre des revenus non négligeables. C'est en 1906 que paraît son livre le plus célèbre : *Le merveilleux voyage de Nils Holgersson à travers la Suède*. En parallèle, elle s'engage en faveur du droit de vote des femmes et se bat pour favoriser un meilleur accès à l'emploi pour les femmes suédoises.

**21 novembre 1885 :** naissance d'**Edmée Chandon**, astronome française. Engagée à l'Observatoire de Paris à titre de stagiaire, elle y devient le 1er mars 1912 la première femme astronome professionnelle en poste en France. Elle est aussi la première Française à obtenir un doctorat ès sciences mathématiques en mars 1930. Malheureusement, la loi du 11 novembre 1940 du gouvernement de Vichy sur le travail féminin l'oblige à cesser ses activités. Elle décède le 8 mars 1944.

**22 novembre 1969 :** naissance de **Marjane Satrapi**, artiste franco-iranienne d'expression francophone surtout connue comme autrice de bandes dessinées et réalisatrice. Elle passe son enfance en Iran dans une famille progressiste dont certains membres sont jetés en prison par le régime islamique au pouvoir pour être des sympathisants communistes. Marjane Satrapi est alors envoyée en Europe par ses parents afin qu'elle vive une adolescence plus libre que celle qui l'attend en Iran. Elle rentre dans son pays quatre ans plus tard et en 1994, part en France faire des études à l'École supérieure des arts décoratifs de Strasbourg. Entre 2000 et 2003, elle publie les quatre tomes de *Persepolis*, une BD qui retrace sa vie et qui est adaptée en un film d'animation sublime qui sort le 27 juin 2007.

**23 novembre 2018 :** la Loi n° 2018-1021 du 23 novembre 2018 dite « loi ELAN » vient apporter une innovation majeure en matière de protection des victimes de violences conjugales. Cette loi confère une protection supplémentaire aux femmes victimes en introduisant une exception au principe de solidarité qui régit habituellement le paiement du loyer entre personnes mariées ou partenaires de PACS : si la victime informe le bailleur, par lettre recommandée avec avis de réception, qu'elle bénéficie d'une ordonnance de protection ou que son conjoint ou partenaire a fait l'objet d'une condamnation pénale pour des faits de violences conjugales, elle n'est alors plus tenue de continuer à payer le loyer.

**24 novembre 1947 : Germaine Poinso-Chapuis**, avocate et femme politique française, est nommée ministre de la Santé publique et de la Population par Robert Schuman. C'est la première fois en France qu'une femme est ministre de plein exercice et l'une des rares fois où une femme est membre d'un gouvernement de la IVe République. Germaine Poinso-Chapuis fait voter des lois sur la santé publique et la protection de l'enfance. En juillet 1948, après la dissolution du cabinet Schuman, elle poursuit son action en faveur de la famille et de l'enfance sur les bancs de l'Assemblée nationale, où elle est élue députée.

**25 novembre 1895 :** naissance d'**Adrienne Bolland**, aviatrice française. Le 31 mars 1921, elle décolle de Buenos Aires (Argentine), sans carte, ni instrument de navigation, pour traverser la cordillère de Andes. Quatre heures quinze minutes plus tard, elle pose son avion sur la piste de Lo Espejo, l'école militaire d'aviation de Santiago du Chili. Elle est la première femme à réaliser cet exploit. Ce dernier étant de l'ordre du miracle – elle-même pensait ne pas revenir vivante –, elle reçoit un accueil très enthousiaste. Engagée dans la cause du vote des femmes, Adrienne Bolland parvient à convaincre Maryse Bastié et Hélène Boucher, deux autres aviatrices françaises, de la rejoindre dans ce combat en 1934.

**26 novembre 1974 : Simone Veil**, ministre de la Famille, défend de tout son cœur et avec une passion inébranlable sa loi pour l'IVG à l'Assemblée nationale. Son discours est l'un des plus mémorables de l'histoire parlementaire française. Le 17 janvier 1975, le texte de loi dépénalisant l'avortement est promulgué.

**27 novembre 1909 :** promulgation de la Loi Engerand. Cette « loi garantissant leur travail ou leur emploi aux femmes en couches » comprend un article unique qui stipule que « la suspension du travail de la femme, pendant huit semaines consécutives, dans la période qui précède et suit l'accouchement, ne peut être une cause de rupture par l'employeur. » Le député Fernand Engerand en est à l'origine. C'est en 1906 qu'il dépose une proposition de loi pour la protection des femmes, avant et après l'accouchement. Cependant, ce congé n'est pas indemnisé et peu d'ouvrières en usent.

**28 novembre 1955 :** décret n°55-1591 du 28 novembre 1955 qui autorise l'avortement thérapeutique. L'interruption médicale de grossesse (IMG) est régie différemment de l'IVG car cet avortement thérapeutique, découlant très généralement d'un diagnostic prénatal, est autorisé à tout moment de la grossesse en vertu de l'article L. 162-12 du Code de la santé.

**29 novembre 1908 :** pour la première fois – grâce à une loi de mars 1907 –, les ouvrières et les patronnes votent pour élire les conseils de prud'hommes dans les mairies d'arrondissement parisiennes. Et surtout, les femmes ont le droit de se porter candidates. **Clémence Jusselin**, la secrétaire du syndicat des couturières-lingères âgée de 30 ans, est élue au premier tour, avec plus de 70 % des voix dans sa catégorie de métiers. Il faudra patienter jusqu'en 1913 pour qu'une femme soit élue au conseil des prud'hommes.

**30 novembre 1921 :** décès de **Madeleine Brès**, première femme de nationalité française à accéder aux études de médecine en 1868 – grâce à l'intervention de l'Impératrice Eugénie et à l'autorisation de son mari – mais sans avoir le droit d'accéder aux concours. Elle obtient son doctorat en médecine le 3 juin 1875. Sa thèse intitulée « De la mamelle à l'allaitement » traite de la composition du lait maternel, et obtient même une mention ! Madeleine Brès devient ainsi la première femme française médecin de la Faculté de médecine de Paris. Elle dirige aussi un journal : *Hygiène de la femme et de l'enfant*, et publie des ouvrages de puériculture. En 1885, elle finance même la création d'une crèche gratuite.

# DÉCEMBRE

PREMIÈRE ANNÉE — N° 1

LE NUMÉRO : CINQ centimes

# La Fronde

DIRECTRICE : MARGUERITE DURAND

Direction et Administration : 14, rue Saint-Georges

## Aujourd'hui

## Ménagères ou Courtisanes?

## DU CALME !

## NOTES D'UNE FRONDEUSE

### Le Tribunal de la rue

## On dit...

Première page du premier numéro du journal *La Fronde*, datant du 9 décembre 1897. C'est le premier quotidien féministe au monde et il est entièrement conçu et dirigé par des femmes.

« Les hommes disaient toujours que les femmes n'allaient pas être capables de piloter les avions, mais ils devaient ravaler leur fierté, parce qu'en réalité nous volions aussi bien qu'eux ! »

Margot Duhalde, 12 décembre 1920 – 5 février 2018

Chilienne d'origine française, elle est la seule aviatrice des Forces françaises libres pendant la Seconde Guerre mondiale. Elle a volé pour la dernière fois en 2007, à l'âge de 86 ans !

**1er décembre 1970 :** sortie du numéro zéro de journal du MLF (Mouvement de libération des femmes) *Le torchon brûle*. Le premier numéro est vendu en kiosque au printemps 1971, au prix de 1 F. Il comporte 16 pages et est tiré à 35 000 exemplaires. Six numéros sortent entre mai 1971 et juin 1973. L'autoproclamé « menstruel » revendique la libre disposition du corps des femmes et fustige la société patriarcale.

**2 décembre 2020 :** **Stéphanie Frappart** est une arbitre de football française. Elle siffle son premier match de Ligue des champions masculine opposant la Juventus au Dynamo de Kiev. Elle est la première femme à réaliser cet exploit. En 2014, elle est la première Française à arbitrer un match professionnel masculin de ligue 2. Le 28 avril 2019, elle est la première femme à arbitrer un match de ligue 1 masculine. Elle est aussi la première femme à diriger une rencontre internationale masculine en compétition officielle en 2019, à l'occasion de la Ligue des Nations. Elle est élue meilleure arbitre au monde en 2019 et 2020.

**3 décembre 1954 :** décès de **Marie Ventura**, actrice roumaine puis française. Elle entre à la Comédie française en 1919 et en devient sociétaire trois ans plus tard. En 1938, elle est la première femme à assurer la mise en scène d'une pièce à la Comédie Française : *Iphigénie* de Racine. Elle fait de fréquents voyages en Roumanie et contribue à créer des liens culturels entre la France et son pays d'origine.

**4 décembre 1974 :** Loi à l'initiative de Simone Veil et Lucien Neuwirth qui vient instaurer la gratuité et l'anonymat de la contraception auprès des Centres de planification. Elle libéralise donc son usage et élargit le dispositif de la loi de 1967 en permettant le remboursement de la contraception par la Sécurité sociale et la suppression de l'autorisation parentale pour les mineures.

**5 décembre 1935 :** **Mary McLeod Bethune**, enseignante américaine, crée le National Council of Negro Women, une organisation à but non lucratif dont la mission est d'améliorer le sort de la vie des femmes afro-américaines mais aussi de leurs familles. Militante dévouée, elle crée, entre autres, une école pour étudiants afro-américains en Floride. À partir de 1920, les femmes obtiennent le droit de vote et elle mène campagne pour que les femmes afro-américaines n'hésitent pas à en user. En 1924, elle est élue présidente de l'Association nationale des clubs de femmes de couleur et, en 1935, devient la présidente fondatrice du Conseil national des femmes noires. Soixante-trois ans après son décès, une statue de la militante est installée dans la salle des statues du congrès de Washington. Mary McLeod Bethune est la première femme afro-américaine à entrer au Capitole.

**6 décembre 1900 : Sophie Balachowsky-Petit**, dite **Olga Petit**, née en Russie, est la première femme en France à prêter le serment d'avocate, précédant de quelques jours Jeanne Chauvin. La jeune femme de 30 ans le prononce à l'audience de la première Chambre de la Cour d'appel de Paris le 6 décembre 1900. Cinq jours avant, le 1er décembre, la loi permet aux femmes d'exercer la profession d'avocate. Jusqu'en 1917, elles sont seulement 18 avocates à prêter serment. Au 1er janvier 2020, elles constituent 57 % des 70073 avocates et avocats recensé·e·s sur l'ensemble du territoire national.

**7 décembre 1929 :** naissance de **Myriam Ezratty**, magistrate française. En 1983, elle est nommée Directrice de l'administration pénitentiaire, première femme à occuper ce poste. Elle met en place diverses actions, notamment la prise en charge sanitaire des détenus par le ministère de la Santé. C'est aussi à Myriam Ezratty que l'on doit le Comité Interministériel Santé/Justice et, pour des conditions de détention moins inhumaines, la création des premiers espaces de visites familiales et conjugales en 1986. Elle démissionne la même année, s'insurgeant contre l'idée du garde des Sceaux de l'époque de privatiser en partie l'univers pénitentiaire. En 1988, elle est nommée présidente de la Cour d'appel de Paris, là encore, première femme à occuper ce poste.

**8 décembre 2019 :** pour la première fois en 150 ans, l'Opéra d'État de Vienne présente l'œuvre d'une compositrice : l'opéra *Orlando* d'Olga Neuwirth, qui est une une adaptation du roman de Virginia Woolf, considéré comme le premier roman transgenre. Une initiative à saluer dans ce milieu artistique où les femmes créatrices n'ont que peu de marge de manœuvre.

**9 décembre 1897 :** parution du premier numéro de *La Fronde*, journal français fondé par Marguerite Durand. Dans ce premier numéro, il est précisé que « le journal réclame l'égalité des droits, le développement sans entraves des facultés de la femme, la responsabilité consciente de ses actes, une place de créature libre dans la société ». Sa parution est quotidienne jusqu'en 1903, puis mensuelle jusqu'en 1905. Il est repris comme hebdomadaire en 1914 et sa parution est irrégulière de 1929 à 1930. Il est le premier journal destiné aux femmes à être entièrement conçu et dirigé par des femmes, ce qui fait de lui le premier quotidien féministe au monde. Un de ses objectifs est de prouver aux hommes que les femmes peuvent réussir dans le monde du journalisme sans leur aide. De nombreuses militantes féministes y proposent leur prose. On peut y lire Séverine, Jeanne Chauvin, Madeleine Pelletier, Clémence Royer, Alexandra David-Néel ou encore Pauline Kergomard.

**10 décembre 1815 :** naissance d'**Ada Lovelace**, pionnière britannique de l'informatique. Elle est la première personne à avoir réalisé le premier véritable programme informatique lors de son travail sur un ancêtre de l'ordinateur. Elle est assez connue dans les milieux féministes anglo-saxons et d'Allemagne. Si elle l'est moins en France, de nombreux développeurs connaissent le langage Ada qui a été nommé en son honneur et qui est l'un de ces langages informatiques élaborés aux États-Unis entre 1977 et 1983 pour le département de la Défense des États-Unis et utilisé jusqu'à nos jours dans plusieurs technologies modernes : l'automobile, les transports ferroviaires mais aussi les technologies aéronautiques.

**11 décembre 2008 :** décès de **Bettie Page**, née le 22 avril 1923 à Nashville aux États-Unis. Mannequin, elle est célèbre dans les années 1950 pour ses photos de pin-up mais aussi pour ses clichés fétichistes. Elle est, en janvier 1955, l'une des premières Playmates du magazine *Playboy*. Elle tombe dans l'oubli dans les années 60 puis, dans les années 1980, ses photos reviennent sur le devant de la scène, la hissant au rang d'icône de la contre-culture.

**12 décembre 1920 :** naissance de **Margot Duhalde**, chilienne d'origine française et seule aviatrice des Forces françaises libres pendant la Seconde Guerre mondiale. Elle pilote tous types d'avions : Hurricane, Spitfire, Boeing B-17 Forteresses volantes, biplans… et effectue ainsi plus de mille trois cents convoyages jusqu'en 1945. Pourtant, le succès de sa carrière n'était pas écrit d'avance. En effet, en 1941, quand elle rejoint l'Angleterre depuis le Chili. les Forces aériennes françaises libres refusent de l'admettre sous prétexte qu'elle est une femme. Cependant, elle s'acharne et obtient d'être employée pendant trois mois comme mécanicienne, en suivant le soir un entraînement à la navigation aérienne jusqu'en juillet 1942. Elle réussit ensuite sa nouvelle formation et, après sa nomination, reçoit entre autres une instruction complémentaire pour apprendre à piloter les avions de combat comme le Hurricane, qu'elle manœuvre pour la première fois le 21 décembre 1942.

**13 décembre 1912 :** décès de **Sarah Monod**, philanthrope et féministe française. Fille de pasteur, elle s'investit très tôt pour tenter d'améliorer la condition féminine. Durant la guerre de 1870, elle officie en tant qu'ambulancière. En 1901, elle fonde le Conseil national des femmes françaises (CNFF) avec son amie Julie Siegfried, une société créée pour promouvoir les droits des femmes. Elle en est la présidente jusqu'à sa mort, en 1912. Le 11 novembre 1911, elle reçoit la Légion d'honneur des mains du sénateur Ferdinand Dreyfus. Elle est la première femme que l'on décore de cette distinction.

**14 décembre 1918:** pour la première fois, les femmes britanniques votent lors des Élections générales. C'est grâce à la Loi du 7 février 1918 sur la représentation du peuple que les femmes obtiennent les mêmes droits électoraux que les hommes. Cette loi ajoute un peu plus de 8 millions de femmes à l'électorat du pays, mais cela concerne uniquement les dames âgées de plus de 30 ans. Le droit de vote pour les femmes à partir de 21 ans est obtenu le 2 juillet 1928.

**15 décembre 1973:** naissance de **Surya Bonaly**, patineuse artistique. Française de naissance, elle acquiert la nationalité américaine en 2004. Surya Bonaly est la créatrice du « Bonaly », un mouvement consistant en un salto arrière, jambes tendues, pieds décalés, réception sur un pied. Elle est la première patineuse à avoir tenté de nombreuses combinaisons de sauts en compétition, mais aussi des quadruples rotations.

**16 décembre 1775:** naissance de **Jane Austen**, femme de lettres anglaise. Elle est issue d'une famille de la gentry – noblesse anglaise non titrée – qui la pousse très tôt à la lecture et l'écriture. Elle peut d'ailleurs se servir comme bon lui semble dans la bibliothèque de son père. Après s'être essayée à divers styles, Jane Austen publie plusieurs romans qui rencontrent un succès immédiat: *Sense and sensibility* (1811), *Pride and prejudice* (1813), *Mansfield Park* (1814) et *Emma* (1815). Les histoires de l'écrivaine mettent en exergue la dépendance des femmes à l'égard du mariage pour obtenir un statut social et une sécurité financière certaine. Ses héroïnes, comme Elizabeth Bennet dans *Pride and prejudice* ou Emma Woodhouse dans *Emma*, sont devenues des personnalités emblématiques de la culture féminine. On estime même à plus de 600 les adaptations actuelles des œuvres de l'écrivaine britannique.

**16 décembre 1846 :** naissance de **Marie Popelin**, féministe belge qui a marqué le combat pour l'égalité des droits en Belgique. En 1870, elle devient enseignante dans la première école secondaire pour filles puis dans diverses écoles de Mons et de Bruxelles – où elle est aussi parfois directrice. Marie Popelin décide de faire des études universitaires en droit, ouvertes depuis peu aux femmes, et elle devient, en 1888, la première femme belge docteure en droit. Mais elle se voit refuser l'accès à la profession d'avocat, réservée aux hommes… Marie Popelin dépose de nombreux recours mais ne deviendra jamais avocate. Elle se « contentera » de fournir des conseils juridiques dans un cabinet.

**17 décembre 1706 :** naissance d'**Émilie du Châtelet**, femme de lettres, mathématicienne et physicienne française. Son père lui donne la même éducation que celle de ses frères, fait rarissime à l'époque. La jeune fille s'initie à de nombreuses langues et s'intéresse à l'équitation, au théâtre, à la musique, à la philosophie et aux sciences. Elle est notamment connue pour sa traduction en français des *Principia Mathematica* du célèbre Newton, version qui fait d'ailleurs encore autorité aujourd'hui. Elle décède quatre jours après l'envoi du manuscrit à la bibliothèque du roi. Émilie du Châtelet a aussi démontré expérimentalement sa théorie selon laquelle la « force vive » – notre énergie cinétique – est proportionnelle à la masse et au carré de la vitesse. Pendant une dizaine d'années, elle aura aussi une liaison passionnée avec le célèbre Voltaire.

**18 décembre 1979 :** la Convention sur l'élimination de toutes les formes de discrimination à l'égard des femmes (en anglais Convention on the Elimination of All Forms of Discrimination Against Women, CEDAW) est adoptée par l'ONU. Elle entre en vigueur le 3 septembre 1981, après avoir été ratifiée par 20 pays. Aujourd'hui, les seuls membres de l'organisation mondiale à ne pas avoir adhéré à la convention sont l'Iran, le Vatican, le Soudan et la Somalie. En 2022, la présidente du CEDAW est Dalia Leinarté, historienne lituanienne spécialiste de l'histoire des femmes.

Madeleine Pelletier aux alentours de 1900. Elle s'habille souvent en homme et est l'une des féministes les plus convaincues de la première vague de ce mouvement, à la fin du XIXe siècle.

# Madeleine Pelletier

18 mai 1874 – 29 décembre 1939

Madeleine Pelletier est la première à devenir femme médecin diplômée en psychiatrie en France en 1906. Elle est également connue pour ses multiples engagements politiques et est une féministe convaincue. Elle fait d'ailleurs partie des féministes les plus engagées de son époque. Elle prône la révolution sexuelle ou encore le droit à l'avortement. Elle est l'auteure de nombreux essais, articles, romans, pièces de théâtre engagées comme *La Femme en lutte pour ses droits* (1908), *L'Éducation féministe des filles* (1914) par exemple. Elle termine sa vie, internée contre son gré à l'asile de Perray-Vaucluse en 1939. Au 80-82 rue de Gergovie (Paris), afin de lui rendre hommage, on a fixé une plaque commémorative sur laquelle est inscrite : « Ici exerça et vécut la doctoresse Madeleine Pelletier (1874-1939) combattante féministe d'avant-garde ».

**18 décembre 2001:** naissance de **Billie Eilish**, auteure-compositrice-interprète américaine. Elle est la première musicienne née au XXI$^{e}$ siècle à être en tête du Billboard Hot 100, le classement hebdomadaire des 100 chansons les plus populaires aux États-Unis – toutes catégories musicales confondues – établi par le magazine Billboard depuis 1958. En décembre 2020, la jeune fille de 19 ans comptabilise déjà huit *singles* d'or et vingt-deux de platine. On lui confie même la composition et l'interprétation de l'hymne musical du James Bond *Mourir peut attendre*!

**19 décembre 1879:** naissance d'**Émilie Gourd**, Suissesse autoproclamée « féministe de carrière ». Militante infatigable, elle s'engage jeune dans la lutte. En 1903, elle pousse la porte de l'association féministe L'Union des femmes et en devient la secrétaire. Six ans plus tard, elle devient la présidente de l'Association genevoise pour le suffrage féminin. En 1912, elle fonde *Le Mouvement féministe*, journal dont elle est la rédactrice en chef et ce jusqu'à sa mort. Émilie Gourd est sur tous les fronts: assurance maladie, assurance maternité, formation, égalité des salaires, accès des femmes à toutes les fonctions, mais l'essentiel de son action concerne le suffrage féminin. Morte vingt-cinq ans avant que le droit de vote ne soit accordé aux femmes suisses sur le plan fédéral, elle n'aura jamais l'honneur de voter. Mais celles qui ont pu le faire lui doivent beaucoup.

**20 décembre 2016:** décès de **Michèle Morgan**, actrice française et première actrice à recevoir le prix d'interprétation féminine au premier Festival de Cannées en 1946. Sa carrière cinématographique est impressionnante. Entre 1930 et 1980, elle tourne dans un peu plus de soixante-dix films, donnant la réplique à des monstres du cinéma comme Alain Delon, Jean Marais, Bourvil ou encore Jean Gabin dans le film *Quai des brumes*, sorti en 1938. C'est dans ce chef-d'œuvre que Gabin lance à sa partenaire le mythique: « T'as de beaux yeux tu sais! » Michèle Morgan a aussi écrit de nombreux poèmes et a beaucoup peint. Elle est élue dix fois par le public « actrice française la plus populaire », préside le Festival de Cannes en 1971 et annonce la fin de sa carrière en janvier 2001.

**21 décembre 1880 :** déposée le 28 octobre 1878 par le juriste et député Camille Sée, la Loi dite Camille Sée est promulguée par le président de la République française Jules Grévy et contresignée par Jules Ferry, alors président du conseil et ministre de l'Instruction publique et des Beaux-Arts. Cette loi instaure les collèges et lycées publics pour les jeunes filles. Cependant, le programme est différent de celui des établissements pour garçons : « Il faut choisir ce qui peut leur être le plus utile, insister sur ce qui convient le mieux à la nature de leur esprit et à leur future condition de mères de famille, et les dispenser de certaines études pour faire place aux travaux et aux occupations de leur sexe. Les langues mortes sont exclues ; le cours de philosophie est réduit au cours de morale ; et l'enseignement scientifique est rendu plus élémentaire. »

**22 décembre 1972 :** la Loi N°72-1143 du 22 décembre 1972 relative à l'égalité de rémunération prévoit dans son article 1er que « tout employeur est tenu d'assurer, pour un même travail ou pour un travail de valeur égale, l'égalité de rémunération entre les hommes et les femmes ». Depuis 1946, l'égalité entre les femmes et les hommes est un principe constitutionnel : « La loi garantit à la femme dans tous les domaines des droits égaux à ceux des hommes. »

**23 décembre 1980 :** la Loi française n°80-1041 du 23 décembre 1980 relative à la répression du viol et de certains attentats aux mœurs stipule que c'est « l'acte de pénétration » de quelle sorte qu'il soit qui caractérise le viol. On ne fait pas de différence entre le coït ou d'autres pratiques imposées à la victime. Il s'agit d'un crime puni de 15 ans de réclusion criminelle – 20 ans, 30 ans ou perpétuité selon les circonstances aggravantes. Les agressions sexuelles autres que le viol – attouchements, caresses, déshabillage forcé, etc. – sont punies de 5 ans d'emprisonnement et de 75 000 euros d'amende. Avant cette loi, le viol, qui n'avait pas été défini dans le Code pénal, était compris en jurisprudence comme « un coït illicite avec une femme sans son consentement ». Il s'agissait exclusivement d'une relation vaginale.

**24 décembre 1927 :** naissance de **Mary Higgins Clark**, écrivaine américaine. Elle s'est spécialisée dans le roman policier et le thriller dans lesquels elle excelle. Avec une quantité impressionnante d'ouvrages, elle est surnommée « La reine du suspense ». Dans son pays, ses livres se sont vendus à plus de 100 millions d'exemplaires. En France, ils se sont écoulés à plus de 20 millions d'exemplaires. En 1999, un sondage paru dans le journal *Le Monde* la place en deuxième position des autrices et auteurs les plus lu·e·s par les jeunes de 12 à 30 ans. Si elle n'était pas de celles qui militent dans les rues, il n'empêche qu'elle se sentait sûrement féministe et livrait bataille à sa manière. « Les héroïnes de mes livres ne sont pas sauvées par un prince sur son cheval blanc, elles doivent se débrouiller seules, être indépendantes. […] Elles résolvent elles-mêmes leurs problèmes, c'est pour moi une marque de fabrique » confie-t-elle au micro de *France Inter* en novembre 2019.

**25 décembre 1949 :** naissance de **Christiane Valliet**, ma mère, une femme formidable.

**26 décembre 1985 :** décès de **Dian Fossey**, primatologue américaine spécialisée dans l'étude du comportement des gorilles de l'Est qu'elle a étudiés dans les forêts de montagne du Rwanda. En 1925, elle patrouille quotidiennement avec son équipe au sein du parc Albert et ramasse des centaines de pièges à barbelés déposés par des braconniers afin de piéger les gorilles et de vendre des parties de leur corps ainsi que leurs petits. Dian Fossey n'hésite pas à enfreindre la loi pour protéger les gorilles. Elle est même favorable à des méthodes pouvant aller jusqu'à l'usage d'armes à feu à l'encontre des braconniers – quitte à les faire disparaître –, ce qui finira par arriver… Sa volonté de défendre les gorilles lui coûte la vie : elle est assassinée au Rwanda en 1985. Elle est reconnue comme l'une des plus grandes primatologues de son vivant, avec Jane Goodall et Birutė Galdikas.

**27 décembre 2011 :** **Ana Botella**, femme politique espagnole, est élue mairesse de Madrid par 31 voix sur 55. Membre du PP (Parti Populaire), elle est la première femme, en Espagne, à occuper ce poste, qu'elle quitte en 2015 après avoir décidé de ne pas se représenter. Le 13 juin 2015, c'est Manuela Carmena qui est élue à la tête de la capitale espagnole.

**28 décembre 1967 :** promulgation de la Loi n° 67-1176 du 28 décembre 1967 relative à la régulation des naissances, dite Loi Neuwirth. Cette loi française est adoptée par l'Assemblée nationale et le Sénat le 19 décembre 1967. Elle autorise la fabrication et l'importation de contraceptifs, notamment oraux (la fameuse pilule), et leur vente exclusive en pharmacie sur ordonnance médicale, avec autorisation parentale pour les mineures. Proposée par Lucien Neuwirth, député gaulliste, cette loi vient abroger celle du 31 juillet 1920 qui interdisait toute contraception et empêchait même toute diffusion d'information sur les moyens contraceptifs.

**29 décembre 1939 :** décès de **Madeleine Pelletier**, la première à devenir femme médecin diplômée en psychiatrie en France en 1906. Elle est également connue pour ses multiples engagements politiques et pour son militantisme féministe. Elle est la première à remettre en cause l'anthropologie qui suppose que les femmes, ayant des crânes de tailles inférieures à ceux des hommes, soient moins intelligentes qu'eux. En novembre 1902, elle veut s'inscrire au concours des internats des asiles mais cela lui est refusé au motif que ce concours est réservé aux personnes jouissant de leurs droits politiques, ce qui, à l'époque, n'inclut pas les femmes. Madeleine Pelletier est enfin autorisée à passer le concours en 1903.

**30 décembre 1966 :** la Loi n°66-1044 relative à la garantie de l'emploi en cas de maternité interdit aux employeurs de licencier une femme enceinte pendant les 12 semaines qui suivent son accouchement : « Aucun employeur ne peut résilier le contrat de travail d'une salariée lorsqu'elle est en état de grossesse médicalement constatée et pendant une période de douze semaines suivant l'accouchement ».

**31 décembre 1948 :** naissance de **Donna Summer**, chanteuse américaine, considérée comme la reine de la musique disco dans les années 70. Après avoir traîné ses guêtres dans divers spectacles musicaux, elle enregistre son premier morceau en solo en 1971. *Love to love you baby*, inspiré de *Je t'aime, moi non plus* de Serge Gainsbourg, sort en 1975 et devient son premier tube international. Ce dernier entre en playlist sur les radios américaines en décembre 1975 et grimpe au sommet des ventes pendant quatre mois. Suivront pléthore de tubes: *I feel love, Down deep inside, Hot stuff* et *Bad girl, She Works Hard for Money* et *This Time I Know It's for Real*. Après avoir remporté cing Grammy Awards, Donna Summer décède en 2012, à l'âge de 63 ans, alors qu'elle était en train d'achever un nouveau disque. Elle sera le modèle de nombreuses chanteuses, notamment Latoya Jackson qui dira d'elle qu'elle était vraiment la reine du disco. Let's dance !

# QUELQUES AUTRES ÉVÉNEMENTS OU FAITS NOTOIRES À SOULIGNER

**Formation et travail :**

**1868 :** **Marie Goegg-Pouchoulin** fonde l'Association internationale des femmes qui est le premier mouvement féministe en Suisse. Un an plus tard, elle lance la première revue féministe suisse intitulée *Le Journal des femmes.*

**1873 :** les Universités de Zurich et Berne (Suisse) ouvrent leurs portes aux femmes. En décembre de la même année, 25 étudiants du sexe féminin suivent les cours de médecine.

**1880 :** l'Université de Bruxelles est la première université belge à ouvrir officiellement ses portes aux femmes. Elle est suivie l'année suivante par l'Université de Liège puis celle de Gand.

**1927 :** en France, les employées et employés des deux sexes des PTT, de la Caisse des Dépôts et Consignations, et les professeurs du secondaire à niveau de diplôme égal ont désormais le même traitement.

**1929 :** en France, Philippe Berthelot signe un décret autorisant les femmes à passer les concours d'admission dans les carrières diplomatique et consulaire.

**1937** : en France, les femmes peuvent désormais enseigner le latin, le grec et la philosophie.

**Mars/avril 1946 :** la compagnie aérienne Air France accueille à bord de ses avions ses onze premières hôtesses de l'air.

**1949 :** **Antoinette Marconnet** est la première femme en France à devenir notaire.

**1959 :** en France, ouverture de l'École des ponts et chaussées aux femmes.

**1960** : en France, les agrégations féminines et masculines fusionnent pour ne former qu'un seul concours.

**1961 :** la première femme conductrice de bus en France se nomme **Marcelle Clavère**.

**1976 : Hélène Vida** devient la première femme à présenter un JT (celui d'Antenne 2) en France.

**1982 : Yvonne Brucker** devient la première conductrice de métro à Paris.

**1983 : Sylvie Guédeville** devient la première femme conductrice d'un TGV en France.

**1985 : Sylvie Girardet** devient la première femme agent de change à la Bourse de Paris.

**1997 : Dominique Payen de La Garanderie**, avocate française, est élue bâtonnière de l'Ordre des avocats, devenant ainsi la première femme à occuper cette charge. Elle prend ses fonctions en 1998.

**2010 :** pour la première fois en Suisse, le Conseil fédéral compte plus de femmes que d'hommes.

**2015 :** en France, c'est une femme qui est choisie pour piloter le bus « test » 100 % électrique, prototype qui remplacera au fur et à mesure les 4500 véhicules de la flotte de la compagnie parisienne.

**2018 :** pour la première fois, l'œuvre d'une femme est au programme du bac L en France (*La Princesse de Montpensier* de Madame de La Fayette). Une première qui a pu aboutir grâce à une pétition de 20000 signatures lancée par une professeure de lettres.

**Inventions, créations et progrès :**

**1812 : Tabitha Babbitt**, inventrice américaine, donne le jour à la scie circulaire. On lui doit aussi la prothèse dentaire.

**1882:** l'Américaine **Maria Beasley** invente les radeaux de sauvetage.

**1886:** l'Américaine **Joséphine Cochrane** invente le premier lave-vaisselle.

**1899:** l'Américaine **Laetitia Geer** invente la seringue médicale.

**1914: Florence Parpart**, Américaine elle aussi, invente le réfrigérateur électrique moderne. Prédécesseur de l'appareil actuel, il a entraîné une véritable révolution dans la conservation et la préparation des aliments.

**1945:** naissance de **Fifi Brindacier**, personnage principal d'une série de romans pour enfants écrits par la Suédoise Astrid Lindgren. En Suède, Fifi Brindacier est considérée comme une icône féministe. Libre, indépendante, puissante, la jeune héroïne remet en cause les rapports de pouvoir entre adultes et enfants, entre garçons et filles. En France, les premières traductions lui ont malheureusement ôté une grande partie de sa volonté rebelle. Les romans sont adaptés en série et même en dessin animé.

**1947:** ouverture du premier magasin prénatal à Saint-Denis (France). Il propose des vêtements pour femmes enceintes, des layettes et des vêtements pour les nouveau-nés, libérant ainsi les femmes de devoir les confectionner.

**1952:** le docteur Fernand Lamaze introduit à la maternité des Bleuets (France) la méthode médico-psycho-prophylactique dite accouchement sans douleur.

**1960: Jane Goodall**, éthologue et anthropologue britannique, observe un chimpanzé en train de fabriquer et d'utiliser des outils pour attraper des termites. Cette découverte remet en cause la définition de « l'être humain » de l'époque qui attribuait alors ce comportement exclusivement à l'Homme. Grâce à ses recherches, nous savons désormais que les chimpanzés sont biologiquement semblables aux humains, qu'ils ont de nombreuses capacités intellectuelles, qu'ils utilisent des outils et que les membres d'une même famille maintiennent des liens forts et durables, et ce, durant toute leur vie.

**1963 :** en France, les serviettes hygiéniques disponibles uniquement en pharmacie sont vendues en supermarché.

**1973 :** en France, le Mouvement pour la liberté de l'avortement et de la contraception (MLAC) est créé à la suite du manifeste des 331 médecins par des militantes du Planning familial, du Mouvement de libération des femmes et des médecins.

**1985 :** naissance du groupe de rock féminin américain *L7*. La formation est associée aux mouvements grunge et riot grrrl, une mouvance musicale aux idées féministes ayant émergé aux États-Unis au début des années 1990. Les groupes associés à cette vague dénoncent les problèmes liés notamment au viol ou encore la violence domestique, et célèbrent la montée en puissance des femmes. À l'arrêt depuis 2001, les L7 se reforment en 2014.

**2007 :** la Charte olympique rend obligatoire la présence des femmes dans tout sport.

**2016 :** pour la première fois, le clitoris est correctement représenté dans un manuel scolaire aux Éditions Magnard.

**2020 :** décès de la Californienne **Ellen O'Neal**, figure de proue du skate féminin dans les années 70. On l'a surnommée « Godmother of skateboarding », soit la « marraine du skate ».

**Avril 2020 : Florence Schelling**, ancienne joueuse de hockey sur glace suisse, devient la première femme à occuper la fonction de directrice sportive d'un club de Ligue nationale de hockey – le CP Berne –, une première en Europe.

**2022 :** le Tour de France féminin va officiellement se tenir à partir de 2022. Décalé d'un an à cause de l'épidémie de coronavirus, les partisans de la Grande Boucle version féminine espèrent ainsi changer les mentalités.

# Index

## A



## B



## C

# D



# E



# F



# G

# N



# O



# P



# R



# S

# SITES CONSULTÉS


8mars.info
academiedugout.fr
academiegoncourt.com
academiesciencesmoralesetpolitiques.fr
AFP
alacroiseedesmots.com
alljudo.net
altitude.news
archive.wikiwix.com
archives.assemblee-nationale.fr
assemblee-nationale.fr
aufeminin.com
avionslegendaires.net
avortementancic.net
babelio.com
bateaux.com
bibliotheque.academie-medecine.fr
bilan.usherbrooke.ca
blogavocat.fr
britannica.com
centre-hubertine-auclert.fr
challenges.fr
classes.bnf.fr
cnb.avocat.fr
comedie-francaise.fr
compagnie-litteraire.com
conseil-constitutionnel.fr
cths.fr
data.bnf.fr
diplomatie.gouv.fr
editions.bnf.fr
egalité-femmes-hommes.gouv.fr
elle.fr
emiliegourd.ch
émissions « Il était une femme » sur *France Inter*
encyclomodeqc.musee-mccord.qc.ca
engineergirl.org
erudit.org (horizons philosophiques)
europe1.fr
europeana.eu
evangile-et-liberte.net
fembio.org
femmes-et-maths.fr
femmes-medecins.com,
femmes-pilotes.com
femmessavantes.com
femmessavantes.pressbooks.com
fondationalicemilliat.com
fondationresistance.org
footamateur.fr
footofeminin.fr
foundationforwomenwarriors.org
fr.unesco.org
francearchives.fr
francearchives.fr
francebleu.fr
franceculture.fr
franceculture.fr
francemusique.fr
francetv.info
futura-sciences.com
gallica.bnf.fr,
gazette-du-palais.fr
gendarmerie.interieur.gouv.fr
gouvernement.fr
grains-de-memoire.org
guide-artistique.com
haut-conseil-egalite.gouv.fr
herodote.net
histoireparlesfemmes.com
historyandbusiness.fr

humanitiestexas.org
images.math.cnrs.fr
ina.fr
ined.fr
infirmiers.com
inrp.fr
interieur.gouv.fr
jardin-sciences.unistra.fr
jesuismort.com
l'equipe.fr
la-croix.com
leparisien.fr
Larousse.fr
lavoixdugendarme.fr
lavoixdunord.fr
le monde.fr
le site du FNCIDFF
legifrance.gouv.fr
lejournal.crs.fr
lerepairedesmotards.com
les premières de Guillaume Battin sur *France Inter*
les-monumentales.tumblr.com
lesinrocks.fr
lesoir.be
letempsdescerises.net
lhistoire.fr
lofficiel.be
maison-triolet-aragon.com
marguerite-duras.com
medarus.org
mercedes-benz.fr
Midilibre.fr
monde-diplomatique.fr
montagne-magazines.com
moto-station.com
museeliberation-leclerc-moulin.paris.fr
mussedelaresistanceenligne.org
nasa.gov
nationalgeographic.fr
ncnw.org
newsclassicracing.com
newsclassicracing.com
nobelprize.org
nominis.cef.fr
nospensées.fr
nostalgie.fr
olfastory.com
olympics.com
ordredelaliberation.fr
ordredelaliberation.fr
orgues-et-vitraux.ch
ortf
ouestfrance
parachutistes.org
paris2024.org
parlement.com
parliament.uk
polkamagazine.com
préfectures-régions.gouv.fr
quiapeurdufeminisme.fr
retromotiv.com
retronews.fr
revuesilence.net
rtbf.be
rtl.fr
rtl.fr
rts.ch
rugbyaufeminin.com
salon.com
scihi.org
senat.fr
sofoot.com
solidaritefemmes.org
sports.fr
statsf1.com

symphozik.info
tendancedroit.fr
tennis-histoire.com
terrafemina.com
terredevins.com
thecanadianencyclopedia.ca
un.org
universalis.fr
unjourdeplusaparis.com
viepublique.fr
village-justice.com
villamedicis.it
wikipédia,
womenshistory.org
www.lecercleguimard.fr

D'autres livres parus aux Éditions Favre sur des sujets proches

Et tous nos autres titres sur www.editionsfavre.com